Biblioteca tascabile

AF893218

Armand Mattelart

La comunicazione globale

Editori Riuniti

I edizione: aprile 1998
Titolo originale: *La mondialisation de la communication*
© Presses Universitaires de France, 1996
Coll. «Que sais-je?»
Traduzione di Francesco Colombo
© Copyright Editori Riuniti
via Tomacelli, 146 - 00186 Roma
Editing: Spell srl - Roma
ISBN 88-359-4465-1

Indice

9 Introduzione

11 Capitolo primo. Le reti dell'universalizzazione

I. Il «torrente» dell'Illuminismo, p. 12 - II. Gli avamposti del libero scambio, p. 16 - III. La costruzione della potenza mondiale, p. 23 - IV. Le utopie della comunicazione universale, p. 28

36 Capitolo secondo. L'industria culturale

I. L'industria dell'informazione, p. 36 - II. Verso l'industrializzazione della cultura, p. 40 - III. La necessaria interdipendenza, p. 47

50 Capitolo terzo. La propaganda

I. La gestione dell'opinione di massa, p. 50 - II. L'irresistibile ascesa degli Stati Uniti, p. 54 - III. L'internazionalizzazione delle frequenze, p. 62

66 Capitolo quarto. La geopolitica bipolare delle tecnologie

I. Conquistare i cuori e le anime, p. 66 - II. La conquista dello spazio, p. 69 - III. Integrare il Terzo mondo, p. 73

77 Capitolo quinto. L'organizzazione economica transnazionale

I. La fine del monopolio dei rapporti internazionali da parte degli Stati, p. 77 - II. Rapporti di forza e mediazioni nazionali, p. 80 - III. Il risveglio di una coscienza planetaria, p. 85

95 Capitolo sesto. La globalizzazione: le reti dell'economia post-nazionale

I. Il capitalismo mondiale integrato, p. 95 - II. Alla ricerca del mercato unico delle immagini, p. 103 - III. La guerra globale, p. 111

114 Capitolo settimo. La frattura: per una critica del globalismo

I. Una nuova carta delle disuguaglianze, p. 114 - II. Le frontiere della monocultura, p. 120 - III. Verso un nuovo «cosmopolitismo democratico»?, p. 129

138 Conclusioni

141 Bibliografia

La comunicazione globale

Introduzione

La rete delle comunicazioni in tempo reale sta modificando l'organizzazione del pianeta. Ciò che per convenzione si chiama mondializzazione o globalizzazione (la prima è una parola neolatina, mentre la seconda è di origine anglosassone) si accorda con i concetti di fluidità degli scambi e di flusso immateriale tra le nazioni. Questo breve saggio si propone di inserire tale nuova fase dell'apertura al mondo nella storia delle forme sociali che il processo di internazionalizzazione ha assunto nel corso del tempo. L'interconnessione generalizzata dei sistemi economici e sociali è infatti il punto d'arrivo del cammino verso l'integrazione del mondo incominciato nel XIX secolo. Ampliando progressivamente le possibilità di circolazione sia delle persone, sia dei beni materiali e simbolici, i mezzi di comunicazione hanno accelerato l'incorporazione delle società particolari in gruppi piú vasti, spostando continuamente le frontiere fisiche, intellettuali e mentali.

La topografia delle reti e dei sistemi su scala mondiale è stata disegnata con il contributo di una quantità di soggetti pubblici e privati, che lo hanno fatto in nome degli ideali piú diversi e motivati dagli interessi piú disparati: la vocazione universale di una civiltà predestinata, l'ecumenismo di una religione, l'interdipendenza delle nazioni in nome della sicurezza reciproca, le necessità pratiche delle imprese e l'imperativo categorico della divisione internazionale del lavoro o, ancora, la lotta unitaria degli oppressi. Idea madre del progresso, l'universo della rete ha investito anche le utopie. Come eterna promessa, la rete della comunicazione rappresenta l'idea di un mondo migliore perché solidale. Dalla strada, alle rotaie, fino alle «autostrade dell'informazione», questa convinzione ha assunto diversi significati in base agli interessi delle varie generazioni tecnologiche, ma le reti non hanno mai smesso di essere al centro della lotta per l'egemonia sul mondo.

L'omogeneizzazione delle società umane è connaturata all'unificazione in campo economico. La loro frammentazione ne è il corollario, perché tra le esigenze del mercato e la cultura, tra un sistema tecnico-scientifico che tende a generalizzarsi e il desiderio di affermazione dell'identità il solco si approfondisce. La distorsione rende incerto il risultato della marcia dell'umanità verso l'integrazione.

Ristabilire i legami con la genealogia dello spazio internazionale si dimostra tanto piú strategico quanto piú i vocaboli mondializzazione e globalizzazione sono inebrianti, sempre sul punto di dare alla testa. Conviene perciò praticare nei loro confronti il dubbio metodico e rifiutare l'idea del non-luogo sociale delle parole con cui si identifica il mondo, per individuare il luogo da cui provengono coloro che le hanno concepite e coloro che le usano. Infatti, queste parole hanno fatto il giro del pianeta prima ancora che il loro significato diventasse strumento di analisi. La loro vertiginosa crescita di potenza, scandita dalle crisi delle borse e dai problemi ecologici, dalle spedizioni militari, dalle grandi manifestazioni sportive o da altri avvenimenti trasmessi in mondovisione, ha come contraltare la caduta nel dimenticatoio della storia. C'è dunque il serio rischio che, su un palcoscenico già largamente aperto alla mitologia, sia sempre piú difficile distinguere i sogni dalla realtà.

Capitolo primo
Le reti dell'universalizzazione

L'internazionalizzazione della comunicazione è figlia di due teorie universaliste opposte e convergenti al tempo stesso, due progetti di costruzione di un mondo privo di «pastoie»: l'illuminismo e il liberalismo. Da un lato si pensa alle «grandi repubbliche democratiche» dell'utopia rivoluzionaria, dall'altro alla «repubblica mercantile universale» dell'economia classica.

La comunicazione internazionale si afferma con il nazionalismo moderno, che identifica nel territorio il fondamento della sovranità e dell'esistenza di una comunità. Sulla scia della rivoluzione francese si moltiplicano gli Stati-nazione, un particolare tipo di organizzazione statale già contenuto in forma germinale nel Trattato di Vestfalia (1648), che aveva messo fine allo status quo retto dal papato e dal Sacro romano impero germanico e che, con un atto fortemente simbolico, aveva tolto al latino il suo ruolo di lingua egemone a vantaggio del francese. Durante il XIX secolo si mette a punto il sistema di relazioni che collega queste nuove entità nazionali tra di loro sulla base di un sistema giuridico accettato da tutti. Cessando di variare continuamente, le frontiere e le suddivisioni amministrative interne definiscono l'ambiente naturale della rivoluzione industriale. Guidato dal concetto della divisione internazionale del lavoro, si diffonde un ordine produttivo strettamente connesso con la creazione dello «spazio interstatale». Nel 1802, la lingua francese conferma questo progetto di una nuova economia politica mondiale incorporando l'anglicismo «internazionale».

I. Il «torrente» dell'Illuminismo

1. Liberare i flussi

Il concetto di comunicazione come ideale nasce sotto il segno delle idee di modernità e di perfettibilità della società umana. È il prodotto della fiducia nell'avvenire, e l'illuminismo ne ha favorito l'affermazione esaltando lo «scambio» come creatore di valori.

Gli ingegneri responsabili delle reti viarie all'epoca dell'*ancien régime* furono tra i primi a formalizzare una problematica della comunicazione associata all'organizzazione di uno spazio nazionale e alla creazione di un mercato interno, applicandola al campo delle strade e dei canali. Costruendo ponti e tracciando strade, volevano soddisfare le istanze della ragione. Sconfiggendo «la natura malvagia», quella irrazionale, che separa gli uomini e fa sí che non si aiutino vicendevolmente, pensavano di far trionfare la «natura buona», quella razionale, che raccoglie, unisce e garantisce la fluidità della circolazione degli uomini e delle merci.

Fondata sui diritti dell'uomo, «la libera comunicazione delle idee e delle opinioni» si fa beffe delle frontiere. Apostrofando il censore, Denis Diderot (1713-1784), nella *Lettera sul commercio dei libri*, redatta intorno al 1763, scrisse: «Caro Signore, schierate pure i soldati alle vostre frontiere, armateli di baionette per respingere tutti i libri pericolosi che si presenteranno, e questi libri, mi perdoni l'espressione, passeranno tra le loro gambe e salteranno al di sopra delle loro teste, e ci raggiungeranno».

Il paradosso dell'Illuminismo è che, per spiegare i benefici derivanti dalla libera circolazione delle idee e delle merci, gli autori dell'*Enciclopedia* non esitano a richiamarsi alla Cina del dispotismo illuminato. Voltaire (1694-1774) esalta la funzione svolta dalle gazzette pubblicate dalla corte di Pechino nel quadro della gestione della cosa pubblica al punto che François Quesnay (1694-1774), primo teorico del flusso delle ricchezze, invoca la perfezione delle strade e dei canali nel medio Impero per legittimare il motto della scuola fisiocratica: «Laissez faire, laissez passer».

2. *Rivoluzionare la lingua*

La Francia del 1789 ha tentato di mettere in pratica il concetto del potere creatore dello scambio. Universalizzando i rapporti giuridici e la circolazione del denaro, delle ricchezze e delle persone, ha costruito la sua unità e la sua identità nazionale forgiando al tempo stesso la propria identità universale.

«Una nazione, una legge, una lingua.» Abbattendo le barriere linguistiche che dividevano chi, grazie alla propria condizione sociale, era capace di capire chiaramente ciò che diceva e la massa delle persone considerate incapaci di comunicare tra di loro, la politica rivoluzionaria di uniformazione della lingua mirava a distruggere le barriere dei particolarismi ereditati dal feudalesimo e dalle monarchie assolute. Il despota, dichiara Bertrand Barère nel 1794 davanti al Comitato di salute pubblica, «aveva la necessità di isolare il popolo, di separare le nazioni, di arrestare la diffusione di un pensiero comune e di impedire che i movimenti si dessero un'identità». L'unità linguistica dà sfogo al «torrente» dell'Illuminismo e converte ogni editore in «maestro di lingua e giurisprudenza».

Per favorire gli scambi, non era sufficiente «eliminare i dialetti e diffondere l'uso del francese» (è questo il titolo di un rapporto redatto nel giugno del 1794 dall'abate Grégoire), bisognava «rivoluzionare la lingua stessa». Già da molto tempo, Condorcet aveva immaginato una «lingua universale» che avrebbe avuto la stessa evidenza della geometria e sarebbe stata il risultato «dell'applicazione dei metodi matematici a oggetti diversi». La politica linguistica degli uomini della rivoluzione è ossessionata da un modello di «lingua universale»: il «linguaggio dei segni». Non furono pochi quelli che rimasero affascinati dal linguaggio dei sordomuti inventato dall'abate Sicard.

3. Comunicare con i segni

L'invenzione del telegrafo ottico da parte dei fratelli Chappe si inserisce in questa ricerca di una «lingua dei segni». Questo sistema si basa su un principio linguistico: piú segni si possiedono, meno ne sono necessari per trasmettere, e piú la trasmissione è rapida. Dopo l'inaugurazione, avvenuta nel 1794, della prima linea, Barère disse entusiasticamente: «È un mezzo che tende a consolidare la repubblica attraverso il legame intimo e immediato con cui collega le sue parti. Le nazioni moderne, per mezzo della stampa, degli esplosivi, della bussola e del linguaggio telegrafico, hanno eliminato i piú grossi ostacoli che si opponevano alla civiltà». Alcuni pensatori della rivoluzione ritenevano che fosse sufficiente moltiplicare le linee telegrafiche e dare libero accesso al linguaggio in codice per permettere a tutti i francesi di «comunicare le loro informazioni e il loro volere», e cosí si scatenarono le speculazioni sui possibili impieghi civili di questo strumento. In questo modo si sarebbero riprodotte, su scala nazionale, le condizioni dell'agorà greca, e nello stesso tempo sarebbe stata spazzata via l'obiezione di Jean-Jacques Rousseau riguardo alla possibilità di fondare delle «grandi repubbliche democratiche». Cosí, molto presto, la tecnica della comunicazione a lunga distanza fu promossa a garante di una democrazia rinnovata.

Si sa come è andata a finire. Il regime straordinario che le aveva assegnato una funzione militare e aveva decretato la segretezza dei codici diventa la norma. Il «linguaggio dei segni telegrafici» rimane a lungo un segreto di Stato. Si deve attendere una quindicina d'anni dopo l'invenzione del telegrafo elettrico (1837) perché sia autorizzato l'uso di questo strumento per scopi commerciali.

Il socialismo utopico compensa questo ostracismo nei confronti dell'espressione pubblica conferendo alle tecniche di comunicazione un ruolo essenziale nell'edificazione della città comunitaria. Anticipando l'installazione del telegrafo elettrico, Charles Fourier (1760-1825) fa del linguaggio dei segni la base dell'«unità universale» e inventa la «trasmissione fantastica» che, scambiata attraverso il pianeta Mercurio, mette in corrispondenza Londra e l'India in meno di quattro ore.

Costruita a pianta stellare a partire dalla capitale, come tutte le grandi reti che sarebbero venute in seguito e come la rete stradale che la precedette, la rete del telegrafo ottico viene utilizzata per comunicare con le grandi piazzeforti di frontiera e di costa, e con le grandi città. Sotto l'impero, si estende fino a Venezia, Amsterdam e Magonza, e perde la sua importanza solo alla caduta di Napoleone.

4. *Darsi delle norme*

Comunicare significa darsi delle norme, eliminare i rischi di incomprensione. Se gli impieghi a scopo difensivo riservati dallo Stato francese al telegrafo ottico contravvengono alla dinamica degli scambi vantata dall'ideale della comunicazione, altre disposizioni contribuiscono a promuoverla e, facendo ciò, favoriscono la costruzione di un quadro di norme intercambiabili che rendono possibile la comunicazione «universale». Questa funzione è svolta in modo particolare dall'uniformazione del sistema delle misure, collante delle transazioni commerciali e base catastale del sistema fiscale. L'adozione del sistema metrico nel calcolo dei pesi e delle misure mette fine alla molteplicità di sistemi legati agli usi e ai costumi locali. La nuova unità stabile si fonde alla simbologia della comunicazione. Nel 1792, in un suo intervento alla Convenzione, l'astronomo Joseph Lalande presenta il metro come un «nuovo vincolo di fratellanza generale per i popoli che l'adotteranno». L'abate Grégoire rincara la dose e saluta il metro come un simbolo dell'unità nazionale e come «un'utile verità destinata a rappresentare un nuovo legame tra le nazioni, e una delle piú utili conquiste dell'uguaglianza». Nel 1875, malgrado l'irriducibile opposizione dell'impero britannico, il metro entra a fare parte dei sistemi di riferimento internazionali. L'universalizzazione del sistema metrico apre la strada alla divisione decimale della moneta. Decretato nel 1795, questo principio di frazionamento monetario è adottato poco dopo negli Stati Uniti.

II. Gli avamposti del libero scambio

1. *La divisione internazionale del lavoro*

Secondo Adam Smith (1723-1790), fondatore dell'economia classica, il mercante è il cittadino del mondo. Il mercato cosmopolita è chiamato a eliminare le forze ostili che dividono tra di loro le nazioni, e a liquidare le vecchie «società militari». Garante degli accordi tra i popoli e le nazioni, la «repubblica mercantile universale» mira a riunire tutto il genere umano in una comunità economica composta di consumatori. I produttori offriranno i prodotti, e i consumatori compreranno presso chi, tra i concorrenti, offrirà loro il miglior rapporto quantità-qualità-prezzo per la merce di cui abbisognano. Nel 1776, nella sua opera *Ricerche sopra la natura e la causa della ricchezza delle nazioni*, l'economista scozzese fa dell'individualismo, e della libera concorrenza in un mercato unico retto dalla divisione internazionale del lavoro, la pietra angolare del suo regime universale. La comunicazione è funzionale alla divisione del lavoro. Indispensabile per amministrare nel modo migliore la divisione dei compiti all'interno della fabbrica, lo è anche per organizzare il «laboratorio mondiale».

«Produrre significa muovere.» Questa massima, cara a John Stuart Mill (1806-1873), indica l'orizzonte comunicazionale dell'economia politica liberale della seconda metà del XIX secolo. La regola del libero scambio deve governare tanto l'informazione quanto i mezzi di trasporto, dal momento che il principio del libero flusso delle informazioni non è che un corollario di quello della libera circolazione delle merci e della manodopera. Mill sviluppa questo aspetto in modo piú particolareggiato nei suoi *Princípi di economia politica* del 1848, quando denuncia le tasse che ostacolano i flussi di informazione gravando gli annunci pubblicitari, i giornali e i servizi postali.

Lottando per l'abolizione delle «imposte sul sapere», che sono di ostacolo a una stampa libera, la filosofia politica del liberalismo ha dimostrato d'essere un vero e proprio ideale emancipatore. Ha invocato la secolarizzazione della società, ha fatto della libertà individuale il centro delle istituzioni e ha cercato di limitare il potere arbitrario dello Stato. Divenuto finalmente il libero scambio articolo di fede, il liberalismo economico perde di vista queste tre componenti e consacra nei fatti il determinismo degli scambi commerciali. È la nascita della *market mentality*, per riprendere l'espressione dello storico dell'economia Karl Polanyi, la nascita di una «nuova società», poiché i meccanismi del mercato si diffondono nella composizione del corpo sociale.

Il dispiegamento delle reti tecniche nel corso della seconda metà del XIX secolo segue da vicino il movimento d'integrazione economica mondiale innescato al giro di boa del XVII secolo con l'espansione della Compagnia olandese delle Indie orientali (1602), che monopolizza il commercio delle spezie. In un mondo che sembra ancora aprire illimitate possibilità di esplorazione e di sfruttamento, le reti si integrano con la nuova ripartizione del pianeta che ridisegna le economie nazionali.

2. Il primo spazio unificato dei flussi

Il telegrafo elettrico elimina l'ipoteca della sicurezza interna che, in Francia, aveva gravato il telegrafo ottico, e avvia e determina gli accordi bilaterali di trasmissione. Alla fine degli anni quaranta del XIX secolo, in seguito al progetto di costruzione della linea telegrafica Berlino-Vienna, viene firmato un primo trattato tra la Prussia e l'Austria; al documento fanno presto seguito un raggruppamento regionale, l'Unione telegrafica austro-tedesca, e una convenzione tra il Belgio, la Francia e la Prussia. In questi campi, come in quello delle ferrovie e delle poste, la futura Germania rivela uno spirito pionieristico nei progetti di unificazione delle reti. Composta com'era da un mosaico di territori, la sua unificazione attraverso le tecniche di comunicazione anticipa la sua unificazione politica.

La vocazione del telegrafo all'universalismo determina nel 1865 la creazione di un'originale istituzione, l'Unione telegrafica internazionale. Questa organizzazione prende le distanze dai modelli di concertazione a quel tempo in vigore tra gli Stati sovrani. A differenza dei Congressi diplomatici inaugurati nel 1815, generalmente ritenuti un embrione del sistema politico regolare e multilaterale, ma che in realtà si limitavano a sancire le pretese delle grandi potenze europee sulle relazioni internazionali, l'Unione telegrafica internazionale si apre all'intera «comunità delle nazioni sovrane». Destinata a risolvere quei problemi che trovano ostacolo nelle frontiere statiche, l'Unione prefigura, in questo senso, l'organizzazione internazionale moderna. Il suo intento è quello di stabilire una volta per tutte procedure, norme e tariffe comuni a tutti gli Stati membri, e di censire i flussi telegrafici. Al contrario delle altre forme di accordi intergovernativi, le deliberazioni prese comprendono delle garanzie. La funzione esecutiva è svolta dal segretariato, o ufficio internazionale, la cui responsabilità non compete a diplomatici di professione, ma a esperti del settore e ingegneri.

La formula dell'ufficio internazionale è presto fatta propria dall'Unione generale delle poste (1874), ribattezzata quattro anni piú tardi Unione postale universale, dalla Commissione internazionale dei pesi e delle misure (1875), che sottolinea il successo del sistema metrico, dalla Convenzione per la regolamentazione internazionale delle linee marittime (1879), dall'Unione internazionale per la protezione della proprietà industriale (1883), dall'Unione internazionale per la protezione delle opere letterarie e artistiche (1886) e dalla Convenzione per i trasporti internazionali ferroviari (1890). La formula viene applicata nei piú svariati campi della vita sociale ed economica in un momento in cui fioriscono i progetti di coordinamento. Secondo lo storico tedesco Werner Sombart, diciassette accordi di cooperazione intergovernativa di questo tipo sono firmati tra il 1850 e il 1870, venti tra il 1870 e il 1880, trentuno tra il 1880 e il 1890, sessantuno nell'ultimo decennio del XIX secolo e centootto nel primo decennio del XX secolo. Parallelamente al coordinamento che facilita gli scambi internazionali, a partire dall'ultimo ventennio del XIX secolo si introduce la standardizzazione all'interno delle aziende piú avanzate, che cercano di lavorare con parti intercambiabili. Le grandi commesse dovute ai bisogni di guerra, unite alla scarsità di manodopera specializzata, avrebbero stimolato questo processo.

Intorno al 1870, le trasmissioni telegrafiche sono circa trenta milioni l'anno. Al volgere del nuovo secolo, questo numero è piú che decuplicato e il flusso transfrontaliero rappresenta un quinto degli scambi effettuati. Il telegrafo ha già profondamente modificato lo status economico dell'informazione, i metodi di raccolta, di negoziazione e di codificazione. Ha costretto gli speculatori a cercare nuove procedure di intervento sui mercati e ha consentito la partecipazione alla vita economica delle nazioni piú arretrate d'Europa. Sombart riferisce che, alla vigilia della prima guerra mondiale, le quotazioni della Borsa dei cereali di

Berlino erano affisse tutte le mattine nei villaggi della Siberia.

La liberalizzazione delle linee internazionali dà vita al primo spazio elettrico unificato. Questa iniziativa contrasta con l'atteggiamento protezionistico dimostrato dagli stessi Stati che l'hanno negoziata quando si tratta di rimuovere gli ostacoli che intralciano il libero flusso delle merci e di applicare in modo veramente liberale i trattati commerciali ispirati alla dottrina del libero scambio, adottata dall'Inghilterra negli anni quaranta e dai suoi concorrenti europei negli anni sessanta del XIX secolo. Se la convergenza è all'ordine del giorno quando si tratta di reti telegrafiche, non lo è affatto a livello di integrazione economica. Lo stesso anno in cui veniva creata l'Unione telegrafica, la Francia firmò un accordo d'unione monetaria incentrato sul Franco, l'Unione latina, stipulato con il Belgio, la Svizzera e l'Italia. Nel 1867, in occasione dell'Esposizione universale di Parigi, il governo francese convocò una conferenza internazionale e propose al mondo intero di aderire a questa «moneta unica». Non se ne fece nulla.

3. Il treno come simbolo dello Stato-nazione industriale

La prima linea ferroviaria degna di questo nome apparve in Inghilterra nel 1830. La costruzione delle linee nell'Europa continentale conobbe il suo apogeo negli anni settanta del XIX secolo.

Il treno costituí innanzitutto l'emblema del progresso e della rivoluzione industriale all'interno dei confini dello Stato-nazione. Piú di mezzo secolo separa l'inaugurazione della prima linea ferroviaria dalla creazione della Conferenza internazionale ferroviaria. Quanto allo scartamento dei binari, se la maggior parte dei paesi europei adottò sul proprio territorio la misura suggerita dal britannico Stephenson, inventore della locomotiva, la Spagna e la Russia, per motivi legati alla difesa nazionale, preferirono fare diversamente.

Per lo scartamento dei binari sono adottate misure differenti non solo nelle colonie, ma anche negli Stati sovrani non autosufficienti. Ogni potenza, o meglio ogni costruttore, segue in quei posti una norma differente. Orientato esclusivamente in funzione dei bisogni delle metropoli, il piano di costruzione delle linee ferroviarie è quello della «via di penetrazione», funzionale all'imperativo del commercio e dello sfruttamento delle risorse naturali. Caricaturale nelle colonie africane, dove il treno fa la sua comparsa nell'ultimo quarto del XIX secolo, questa eccentricità territoriale si verifica anche in grandi paesi politicamente indipendenti ma economicamente subordinati. È il caso del Brasile dove, come in altri paesi dell'America del sud, la presenza degli interessi britannici, e secondariamente francesi, risulta determinante. Accadrà cosí che alla fine del secolo ci saranno non meno di cinque linee locali indipendenti autonome, ognuna delle quali faceva capo a un porto e si apriva come un ventaglio verso il proprio hinterland di miniere e piantagioni. Questa costruzione orientata verso l'esterno prevale anche nella zona geopolitica denominata «Mediterraneo americano» (Caraibi e America centrale). I contratti di concessione per linee telegrafiche, di trasporto marittimo e ferroviarie, strappati a condizioni unilateralmente vantaggiose tra il 1880 e il 1890 alle oligarchie locali dalle grandi società come la United Fruit, avanguardia dei gruppi agro-alimentari moderni, sono strettamente legati alla formazione del concetto di «repubblica delle banane». Il «pasticcio» ferroviario raggiunge il suo colmo alla fine del XIX secolo nei territori dell'impero cinese, dove le linee che partono dai porti e dalle concessioni sono costruite secondo cinque standard di scartamento differenti: russo, giapponese, anglo-americano, tedesco e franco-belga.

4. *L'ora «mondiale»*

L'organizzazione ferroviaria è il preludio dell'instaurazione dell'ora universale. Dal momento che la regolazione del traffico esige l'adozione di un'ora nazionale per mettere fine alla frammentazione delle ore locali, le ferrovie britanniche regolano la propria «ora legale» su quella del meridiano di Greenwich. Quando la comunità internazionale decide, nel 1884, di sincronizzare le diverse ore nazionali, è proprio all'ora di Greenwich che fa riferimento per calcolare l'ora universale. Ciò dà molto fastidio a paesi come la Francia (che propone l'ora del meridiano passante per l'osservatorio di Parigi), la Spagna e il Brasile, che interpretano questa decisione come un simbolico riconoscimento della potenza vittoriana, e l'accettano solo nel 1911.

Alla costruzione di questa razionalità del capitalismo moderno a vocazione mondiale, le ferrovie portano altri due contributi fondamentali. Le società ferroviarie (e anche, in certa misura, quelle dei telegrafi) sono le prime imprese moderne. In anticipo rispetto alle altre sentono la necessità di rinnovare la propria organizzazione in modo da gestire un flusso continuo di beni, di servizi e di informazioni su grande scala, e divengono cosí il banco di prova dei metodi del moderno management. In effetti, si deve a loro l'invenzione del *managerial capitalism* (o capitalismo gestionale), come fa notare lo storico delle imprese Alfred Chandler, che sottolinea l'importanza rivestita dalla nascita delle compagnie «multidivisionali», le prime a impiegare un gran numero di funzionari per coordinare, sorvegliare e valutare le attività di numerose unità di produzione disperse. Peraltro, esigendo un largo ricorso a prestiti stranieri, la costruzione delle reti ferroviarie nel mondo stimola l'internazionalizzazione dei mercati finanziari, e comporta che le imprese finiscano per essere pilotate dal capitale finanziario. La metà dei capitali esportati nel corso del XIX secolo servono, in effetti, a finanziare le ferrovie, i porti, i canali e altre strutture pubbliche; le miniere, le piantagioni e le altre imprese industriali ne «intercettano» appena un terzo, mentre il resto viene impiegato per le installazioni commerciali, le banche e altro. Le banche commerciali, che relegano a un livello secondario la Banca centrale, costruiscono in tutto il mondo le loro reti di agenzie.

III. La costruzione della potenza mondiale

1. Il cavo telegrafico sottomarino e la Pax britannica

Il XIX secolo conferisce all'impero britannico la parte di nuovo polo economico e finanziario verso cui convergono tanto i grandi flussi di ricchezza quanto la comunicazione a distanza. Londra diventa il centro di un'«economia mondiale» nel senso dato a questa espressione dallo storico Fernand Braudel. Un centro a partire dal quale le altre potenze, le regioni intermedie e quelle periferiche si organizzano e si distribuiscono gerarchicamente. Il cavo telegrafico sottomarino è uno degli esempi piú eloquenti dell'economia vittoriana.

Il primo cavo telegrafico sottomarino viene inaugurato nel 1851. Collega Calais a Dover, e Parigi alla piazza finanziaria londinese. Quindici anni piú tardi, dopo tre tentativi falliti, viene posato il primo cavo transatlantico. Una linea diretta costruita tra Malta e Alessandria d'Egitto permetteva già a Londra di comunicare con l'India. Negli anni settanta del XIX secolo, le reti telegrafiche britanniche si estendono al Sudest asiatico, all'Australia e alla Cina; e anche verso le Antille e l'America del sud. Il collegamento con l'Africa si realizza un po' piú tardi, tra la fine degli anni ottanta e l'inizio degli anni novanta. L'ultima «maglia» della rete con cui la Gran Bretagna si collega a tutto il mondo, la linea transpacifica, viene terminata nel 1902. A quella data, il sistema di collegamento dell'impero vittoriano rappresenta i due terzi dell'intera rete mondiale, e la flotta di collegamento inglese è dieci volte piú grande di quella francese. Da un punto di vista geostrategico, il fatto che, a differenza di quanto avviene in Francia, che lo pone sotto il controllo dello Stato, il cavo sottomarino inglese sia gestito da compagnie private non costituisce problema dati gli stretti legami che uniscono le logiche commerciali e quelle diplomatiche. Spalleggiata dall'ammiragliato e dall'efficienza del servizio cartografico, l'espansione delle compagnie private si appoggia sul controllo delle materie prime (cuoio e caucciú), sulla forza finanziaria, sulla supremazia tecnologica nel settore dei cavi per il telegrafo (fabbricazione, posa, sfruttamento), che non fanno che aggiungersi alla supremazia della Marina militare e delle grandi compagnie di navi a vapore fondate a Londra. Il sistema britannico costituisce un intermediario obbligato per le comunicazioni ufficiali degli altri governi. Cosí, quando nel 1898 scoppia la crisi di Fascioda, che fa scontrare il piano d'espansione verso ovest dell'impero coloniale francese con quello britannico, che mira invece a espandersi da nord verso sud, Parigi si trova a non poter comunicare con il Sudan e con il capo della spedizione francese se non attraverso collegamenti controllati dai rivali.

I primi segnali di insofferenza nei confronti dell'egemonia britannica si manifestano nell'ultimo decennio del XIX secolo. Le poste inglesi rifiutano l'autorizzazione al passaggio attraverso il proprio territorio di un cavo telegrafico transatlantico tedesco, e, di conseguenza, Berlino decide di compiere ogni sforzo per dotarsi, nel settore dei cavi, di tecnologie tali da permettergli di controllare tutto il mercato, dal costruttore fino all'operatore. Nel 1900, il Kaiser inaugura una prima linea Emden-New York passante per le Azzorre, e, due anni piú tardi, una seconda. Nel 1903, gli Stati Uniti posano il proprio cavo transpacifico che, attraverso Honolulu e Guam, collega San Francisco a Manila. Cinque anni prima, infatti, gli Usa avevano sottratto le Filippine all'impero spagnolo ormai agonizzante.

2. *La spartizione delle frequenze*

Nel 1901, Guglielmo Marconi inaugura l'era delle radiocomunicazioni transatlantiche facendo attraversare l'oceano alla lettera «s». La marina militare, il ministero della guerra e le poste inglesi sono i primi a interessarsi ai brevetti dell'ingegnere italiano. L'acquisizione in esclusiva della loro proprietà da parte della società inglese Marconi Co. segna l'inizio del tentativo vittoriano di garantire un quadro istituzionale volto all'internazionalizzazione di questa nuova tecnologia, e ispirato allo stesso schema di quello in vigore per il cavo sottomarino. La Germania, tuttavia, che dispone dei brevetti messi a punto dalle tedesche Siemens e Aeg, e che nel 1903 fonda la Telefunken per provvedere al loro sfruttamento, intralcia le mire britanniche. Su sua iniziativa, nel 1903 e nel 1906, si tengono a Berlino due conferenze internazionali. La tesi inglese, che sostiene la necessità d'imporre un solo tipo di apparecchio trasmettitore, viene messa in minoranza, e, di conseguenza, si scatena la libera concorrenza all'interno del ristretto club dei proprietari dei brevetti di una tecnologia che avrebbe avuto un impiego esclusivamente militare fino alla fine della prima guerra mondiale. La riunione del 1906 dà vita all'Unione radiotelegrafica internazionale, che risolve il problema delle interferenze e pone le basi di un ordine ineguale della comunicazione mondiale. Le potenze marittime, principali fruitrici di queste tecnologie, impongono la regola tipicamente imperialista del «chi primo arriva meglio alloggia». È sufficiente che una nazione notifichi all'Unione la sua intenzione di utilizzare una lunghezza d'onda per ottenerne la concessione. Questa regola porta alla quasi monopolizzazione dello spettro radiofonico mondiale da parte di una minoranza, e rappresenta, nel campo delle comunicazioni, un tipico esempio di «scambio ineguale», quello scarto tra i sistemi produttivi che cresce con lo sforzo scientifico e tecnico. Nel 1800, la differenza tra il prodotto interno lordo pro capite del nord e quello del sud del mondo era insignificante; alla fine dell'«era degli imperi» (1875-1914), il rapporto è di tre a uno.

A partire dai primi anni del XX secolo, gli ambienti socialisti di ogni tendenza cercano di definire la natura di questa logica del valore di scambio che caratterizza lo sviluppo ineguale, ed elaborano il concetto di «imperialismo». Al centro del loro interesse c'è la nascita dei grandi cartelli e dei trust destinati a organizzare il mercato, cioè a limitare quella concorrenza che Adam Smith voleva libera; in primo luogo i cartelli dell'industria elettrotecnica e i trust dell'energia, quindi le compagnie ferroviarie, alleate della siderurgia.

Al tempo della Conferenza di Berlino del 1906, il regolamento internazionale del telefono, brevettato da Edison nel 1876 e disciplinato dagli accordi bilaterali, sembra rappresentare una scommessa meno importante di quella delle radiocomunicazioni. Bisogna dire che l'internazionalizzazione di questa rete è ancora limitata. La prima trasmissione tra Parigi e Bruxelles ha luogo nel 1887, quella tra Parigi e Londra tre anni piú tardi. Il telefono acquista una dimensione realmente mondiale solo nel settembre del 1956, con la messa in funzione del primo cavo telefonico sottomarino transatlantico; di pochi anni dopo è il primo lancio di un satellite artificiale.

3. La guerra e la geopolitica

C'è uno stretto legame tra lo sforzo delle tecnologie della comunicazione e i conflitti che scoppiano nella seconda metà del XIX secolo. Durante la guerra di Crimea (1853-1856) viene posato il primo cavo attraverso il Mar Nero e vengono costruite linee telegrafiche dirette, tanto sul terreno delle operazioni quanto tra gli stati maggiori militari e i governi di Londra e Parigi. L'invasione del Messico da parte del suo «vicino settentrionale» (fu la prima volta in cui venne esplicitamente formulata la dottrina del *Manifest Destiny*) rivelò, già nel 1846, l'utilità del telegrafo elettrico per le operazioni militari e la trasmissione delle notizie. Ma è la guerra di secessione (1861-1865) a fornire agli strateghi militari gli insegnamenti piú preziosi sull'impiego del «cavallo di ferro» e delle linee telegrafiche. Molti eserciti, a cominciare da quello prussiano, concentrano su questi nuovi mezzi la logistica, cioè quella branca dell'arte militare che si occupa di assicurare alle truppe ciò che serve per vivere, muoversi e combattere, e si dotano di «truppe specializzate in comunicazioni». Prima dello scoppio della grande guerra, due conflitti, quello dei boeri (1899-1902) e quello russo-giapponese (1904-1905) confermano, la prima il peso decisivo del treno e del telegrafo, e la seconda la funzione delle radiocomunicazioni. L'Inghilterra si affrettò a trarre le necessarie lezioni da quest'ultimo conflitto: fece della radiotelegrafia un monopolio di Stato e lo pose sotto la direzione delle poste, sulle quali l'ammiragliato esercitava il diritto di controllo.

Il controllo dei complessi geocomunicazionali porta con sé tensioni nazionali e internazionali. In Cina, il Movimento per il riscatto e la nazionalizzazione delle ferrovie, che pretende la costruzione di linee verso le capitali delle province, fa causa comune con l'insurrezione repubblicana di Wuhan, e, nel 1911, provoca la caduta di un impero millenario. Nel quadro della famosa «questione orientale», l'impero ottomano, che all'inizio del XX secolo dà all'impero tedesco la concessione per la posa di un cavo telegrafico di collegamento tra Costanza e Costantinopoli e per una linea ferroviaria in direzione di Baghdad, e, a tempo determinato, verso il Golfo Persico, mette in ebollizione gli imperi rivali. L'Inghilterra e la Francia vedono in questo atto l'espressione del progetto espansionistico pangermanico, che cerca di mettere in pratica il motto *Drang nach Osten* consolidando la propria posizione in una regione che dà l'accesso ai campi petroliferi. Quella di mettere in cortocircuito l'impero britannico aggirando il canale di Suez è un'ossessione delle strategie di espansione ferroviaria verso oriente, ed è alla base tanto del progetto pangermanico quanto della costruzione della Transiberiana. Cominciata nel 1891 e terminata nel 1903, la linea Mosca-Vladivostok (8165 km) apre una finestra sull'Estremo Oriente e regala all'impero zarista alcune importanti posizioni strategiche.

È nel contesto del pangermanesimo che Friedrich Ratzel

pubblica, nel 1897, il primo trattato di geopolitica, intitolato *Politische Geographie*, che getta le basi di una «scienza dello spazio», premessa di una scienza delle reti di comunicazione. Le reti di comunicazione «rendono vivo il territorio». L'autore ne aveva compreso l'importanza innanzitutto confrontandosi con lo spazio americano che si trovava nel pieno del suo dinamismo. Inventando il concetto di «potenza mondiale», questo saggio teorico affronta la dimensione spaziale delle relazioni internazionali sotto un punto di vista planetario. In esso si nota anche la nascita di un'ideologia di tipo biologico, l'«ideologia spazialista», che comprende le nozioni di «spazio vitale» e di «frontiere naturali», cui molti tentativi espansionisti si sarebbero appellati in cerca di legittimazione, vedendo lo spazio vitale come l'espressione delle stesse leggi del territorio prevalenti nel mondo animale che giustificano la guerra, le conquiste e le usurpazioni.

IV. Le utopie della comunicazione universale

1. L'Associazione universale

A partire dalla prima metà del XIX secolo prende piede in Francia l'ideologia redentrice della comunicazione nella sua espressione internazionale. «Interconnettere l'universo» e «Tutto per mezzo del vapore e dell'elettricità» sono le parole d'ordine dei discepoli del filosofo francese Claude-Henri de Saint-Simon (1760-1825).

All'idea della divisione internazionale del lavoro proposta dall'economista Smith, accusata di far crescere lo scarto tra ricchi e poveri, Saint-Simon oppone, all'inizio degli anni venti del XIX secolo, l'utopia dell'«Associazione universale dal punto di vista dell'industria», cioè lo sfruttamento della terra compiuto da «soci» che, guidati dal medesimo impulso, avrebbero lavorato per il raggiungimento di un obiettivo comune. Secondo Saint-Simon, il pianeta deve essere «amministrato» da industriali proprio come se fosse una grande impresa, e non «governato» da uno Stato tutelare. Questo assioma fonda il «sapere positivo» sulla gestione delle risorse umane. In questo progetto di ristrutturazione, le reti di comunicazione diventano l'emblema della nuova organizzazione sociale.

Lo scopo di questa teoria riorganizzatrice è quello di permettere alla società del tempo di uscire dalla duplice crisi in cui si dibatte. In primo luogo, si tratta di affrontare la crisi che si prolungava dal 1789 e che ha la sua origine nel «sapere negativo» proprio dell'Illuminismo e delle sue deviazioni rivoluzionarie. Legittima quando si tratta di scalzare le vecchie istituzioni, la posizione critica si dimostra controproducente per creare un nuovo ordine sociale e assicurare il «passaggio dal sistema feudale e teologico al sistema industriale e scientifico». In secondo luogo, bisogna risolvere la crisi derivante da un'«Europa disorganizzata», che non riesce piú a ricreare un «sistema di pace internazionale» perduto con la fine dell'unità del mondo cristiano.

2. *Il determinismo delle reti*

Saint-Simon era un «uomo delle reti viarie», era affascinato dai ponti e dalle strade. Nel 1832, sette anni dopo la sua morte, il suo discepolo Michel Chevalier (1806-1879), uno dei fondatori dell'effimera chiesa sansimoniana, aderisce a una concezione deterministica delle reti della «civilizzazione circolante». La ferrovia e la locomotiva, tuttavia, non hanno ancora rivelato la loro capacità di strutturare lo spazio. Sono passati appena due anni da quando l'Inghilterra ha costruito la prima linea ferroviaria degna di tale nome. Nel frattempo le autorità francesi continuano a discutere sul valore di questa invenzione. Si deve attendere il 1842 perché a Parigi sia votata la legge con cui si dà vita alla rete ferroviaria nazionale. Chevalier fu considerato un visionario.

Come il suo maestro, Chevalier ritiene che le «reti spirituali», o di credito finanziario, e le «reti materiali», o di comunicazione, abbiano la funzione di creare una coesione in quel colosso che è l'organismo sociale. Le linee ferroviarie, insieme con le linee di navigazione e i mezzi di comunicazione a lunga distanza, sarebbero state, secondo lui, le linee guida dell'«Associazione universale» immaginata da Saint-Simon. Il primo atto di questa associazione avrebbe dovuto essere la creazione di un'«Organizzazione mediterranea»; la riconversione dell'esercito a scopi civili avrebbe fornito gli ingegneri e gli operai. La comunicazione viene considerata come il viatico per rimpiazzare la religione (dal latino *religare*, collegare), e le si attribuiscono, come era avvenuto per quest'ultima, il compito di «collegare» i singoli membri di una comunità decaduta e quello di destare dal torpore le civiltà che si erano assopite, dalla Grecia all'Asia Minore, dalla Spagna alla Russia. La soluzione, secondo Chevalier, consiste «nel portare in questi luoghi gli esempi di un movimento straordinario, nell'eccitarli con lo spettacolo di una prodigiosa velocità, e nell'invitarli a seguire la corrente che passerà vicino a loro». La questione della democrazia, che Chevalier considera una variabile dipendente dallo sviluppo tecnico e industriale, non è affatto al centro del suo sogno di riorganizzare il pianeta. Tuttavia, ciò non gli impedisce di affermare ripetutamente che la comunicazione non solo riduce le distanze fisiche, ma anche quelle tra le classi. Per lui migliorare le comunicazioni significa dunque, necessariamente, «promuovere l'uguaglianza e la democrazia».

Scomparsa la Chiesa sansimoniana, e finite nel nulla le grandi speranze dell'epoca militante, il sansimonismo si limita a esprimere un pensiero manageriale *ante litteram*, simbolico dello spirito imprenditoriale della seconda metà dell'Ottocento. L'ideologia redentrice delle reti di comunicazione, creatrici di un legame universale, legittima il positivismo gestionale. I nuovi imprenditori del periodo industriale gettano le basi dello spazio reticolare internazionale creando compagnie ferroviarie e di navigazione, fondando società di credito e scavando canali tra un oceano e l'altro.

3. L'internazionalità delle strutture sociali

Fedeli al sogno originario di Saint-Simon di una società piú giusta, i delusi del sansimonismo si distaccano dalla visione tecnicista della rete presentata come elemento fondamentale nella creazione di una nuova società. Sono numerosi quelli che vanno a ingrossare le fila dei precursori del socialismo, che ripongono nelle strutture sociali tutte le loro speranze di «interconnettere l'universo». Molti si riconosceranno nelle proposte avanzate da Pierre-Joseph Proudhon (1809-1864) nella sua opera intitolata *Sulle riforme da compiere nel campo dello sfruttamento delle linee ferroviarie* (1855), in cui critica chi confonde il «movimento mercantile» con il «movimento intellettuale»: «Ciò che fa circolare le idee, come si usa dire, non sono le vetture dei treni, ma gli scrittori, la discussione politica, la stampa libera... La lunghezza delle linee ferroviarie sfruttate in Francia è triplicata rispetto al passato. Tuttavia, non ci risulta che in seguito a ciò abbia preso a circolare la ben che minima idea».

È nell'ambito di un pensiero incentrato sulla struttura sociale che, nel 1843, compare la nozione di «internazionalità», dovuta alla penna di Flora Tristan (1803-1844), una pioniera del femminismo, che essendo di madre francese e di padre peruviano si trova per nascita al centro di un crocicchio culturale. Alla base del suo progetto di un'Unione operaia c'è il «nuovo principio dell'internazionalismo» (nozione che si ritroverà cinque anni piú tardi nel *Manifesto del partito comunista* di Marx ed Engels). Al primo posto nel sommario del progetto apparso sul settimanale dell'Unione operaia si trova il seguente titolo: «Sugli interessi comuni, cioè sugli interessi internazionali dell'Europa e del mondo intero». Il «cosmopolitismo democratico» diventa il grido di battaglia di numerosi movimenti che, unendo le parole all'azione, creano la propria stampa, hanno i propri canzonieri e percorrono le strade per diffondere le proprie idee di «fratellanza» e di «solidarietà tra le nazioni e le persone». La Prima Internazionale dei lavoratori è fondata a Londra nel 1864. Nei suoi statuti si legge: «L'emancipazione del lavoro non è né un problema locale, né un problema nazionale, ma un problema sociale; riguarda tutti i paesi in cui esiste una società moderna, e necessita, per essere risolto, del concorso teorico e pratico dei paesi piú avanzati... Lo scopo dell'Associazione è quello di essere un punto di riferimento per la comunicazione e la cooperazione tra le società operaie di tutto il mondo che aspirano ai medesimi fini: il mutuo soccorso, il progresso e la completa liberazione della classe operaia». Dieci anni piú tardi, la Prima Internazionale viene sciolta. Il pensiero universalista va in crisi di fronte a tre episodi fortemente negativi: la guerra franco-prussiana riporta in primo piano il patriottismo; la caduta della Comune di Parigi «suona» la disfatta della minoranza «internazionalista» e del suo simbolo: «La bandiera della Comune è quella della repubblica universale»; le idee a proposito della macchina statale, gli scopi e i mezzi d'azione mettono uno contro l'altro le diverse componenti del movimento operaio. Ben presto, queste divergenze finiranno per disegnare la carta delle grandi federazioni sindacali e delle loro alleanze internazionali. Prima di sciogliersi, la Prima Internazionale ha visto due concezioni dello Stato affrontarsi sull'idea del «servizio pubblico» applicato alla gestione delle ferrovie.

Simpatizzante del primo sansimonismo, il romanziere Eugène Sue diffonde, tra il 1830 e il 1875, nei suoi feuilleton, la sua utopia di riforma sociale e di riconciliazione pacifica tra ricchi e poveri. I racconti di questo vecchio medico della marina, profondamente influenzato ai suoi esordi dalla scuola inglese del romanzo gotico e dalla sua maggiore rappresentante, Ann Radcliffe, rendono popolare un nuovo genere, che precorre la cultura di massa e l'industria culturale, e rappresenta uno dei primi casi di letteratura prodotta in serie che oltrepassa le frontiere. Anche Jules Verne, attraverso le imprese degli eroi prometeici del progresso messi in scena tra il 1860 e il 1906 su un palcoscenico fatto di reti di comunicazione a vapore ed elettriche che avvolgono il globo, prolunga i nobili sogni del primo socialismo utopistico.

4. Le Esposizioni universali

Le grandi Esposizioni universali giovano all'ideale del sansimonismo e contribuiscono alla formazione dell'immaginario comunicazionale. Queste manifestazioni fanno di Parigi, che ne organizza cinque, la «capitale culturale del XIX secolo». Durante queste «pacifiche fiere del progresso», non solo vengono esposti i prodotti delle diverse nazioni, ma vedono anche la luce molte associazioni internazionali, governative e non governative, che si riuniscono a congresso sui temi piú diversi. Esposizioni e invenzioni tecniche si sostengono reciprocamente per propagandare la retorica della pace e della comunione dei popoli: «Tutti gli uomini diventeranno fratelli». Ogni generazione tecnologica è un'occasione per sostenere la commedia della concordia generale e della riconciliazione dei conflitti sociali sotto l'egida della civilizzazione occidentale. Con un significato fortemente simbolico, durante la prima Esposizione, che ha luogo al Crystal Palace di Londra nel 1851, viene inaugurato il primo cavo sottomarino internazionale, che collega Dover a Calais; quella di Parigi del 1900, che chiude il XIX secolo, vede il trionfo del cinema.

Il cinema fa entrare la mitologia della comunicazione universale nell'era dell'immagine, che diventa un altro simbolo della fine della disuguaglianza tra le classi, le razze e le nazioni. «Le immagini animate», avrebbe scritto il romanziere Jack London (1876-1916) nel febbraio del 1915 sul *Paramount Magazine*, «abbattono le barriere della povertà e dell'emarginazione che sbarravano le strade che conducono alla conoscenza, e insegnano per mezzo di un linguaggio che tutti possono comprendere. Il lavoratore con un vocabolario povero è nella stessa situazione dell'uomo colto... L'istruzione universale è il messaggio... I tempi e le distanze sono stati annullati dal cinema, magico nel riavvicinare i popoli della terra... Guardate, atterriti dall'orrore, le scene di guerra, e diventerete difensori della pace... Attraverso questo magico strumento gli estremi della società si riavvicinano in un sol colpo nell'evitabile riequilibrio della condizione umana».

5. Le nuove arcadie dell'elettricità

Prima ancora delle sue applicazioni industriali e domestiche, l'energia elettrica ha nutrito l'immaginario della comunicazione. Uno scritto inglese del 1852, *The Silent Revolution*, immaginava l'armonia sociale dell'umanità sulla base di una «perfetta rete di fili elettrici». Alla fine del XIX secolo, l'anarchico e geografo russo Kropotkin (1842-1921) e il sociologo scozzese Patrick Geddes (1864-1932), severi critici degli effetti degradanti dell'industrializzazione, individuano nell'elettricità l'inizio dell'era neotecnica.

Alla nozione liberale della divisione del lavoro che innalza barriere tra gruppi, classi, popoli e nazioni, e all'interpretazione neodarwinista della storia come lotta per la vita, Kropotkin oppone la storia degli stadi successivi dell'«aiuto mutuo e reciproco», la storia dell'integrazione progressiva dei gruppi umani, che è il solo parametro per giudicare l'evoluzione del pianeta verso una comunità mondiale. L'energia elettrica è il mezzo per ricollegarsi con il corso della storia di questa logica comunitaria che porta gli esseri umani a essere solidali gli uni con gli altri. Allontanando le pesantezze dell'era paleotecnica, caratterizzata dalla meccanica, dalle concentrazioni e dagli imperi, questa nuova tappa della storia dell'umanità fa emergere una società orizzontale e trasparente. Solo il modello industriale ha potuto, secondo Kropotkin, impedire lo sviluppo di questa potenzialità liberatrice dell'elettricità. Deconcentrazione e decentralizzazione: la nuova energia apre l'età della riconciliazione tra la città e la campagna, il lavoro e il piacere, il cervello e le mani. Dando il proprio contributo alla riflessione sull'organizzazione regionale, questo movimento di pensiero influenzerà a lungo le utopie degli urbanisti.

Tra i discorsi utopici sulle promesse di un mondo migliore per mezzo della tecnica, e la realtà delle lotte per il controllo dei mezzi di comunicazione e l'egemonia sulle norme e i sistemi, esiste un contrasto impressionante. Nel 1881, all'alba dell'era neo-tecnica, si svolse a Parigi la prima Esposizione internazionale dell'elettricità. In occasione di questo evento, si riunirono i delegati delle potenze proprietarie dei brevetti riguardanti questa invenzione allo scopo di decidere l'adozione di unità di misura universali come l'ampère, il volt e cosí via. A differenza di quanto avvenne per le Esposizioni universali, nessuno Stato sovrano periferico fu invitato a questo vertice.

Capitolo secondo
L'industria culturale

Il XIX secolo inventa le *news* e l'ideale dell'informazione in tempo reale. Tra il 1830 e il 1850 vengono create le grandi agenzie giornalistiche. A partire dal 1875 nascono i gruppi editoriali. Appaiono i primi «prodotti» scritti dell'industria culturale di massa. Prima ancora che scoppi la prima guerra mondiale, l'industria cinematografica e quella musicale mettono in mostra le loro potenzialità d'esportazione.

I. L'industria dell'informazione

1. *Gli agenti del «news value»*

Al centro del sistema mondiale dell'informazione, c'è il meccanismo delle agenzie di stampa. Queste non si limitano ad avvolgere la terra con la loro rete di corrispondenti, ma intervengono anche nei progetti di collegamento telegrafico sottomarino.

L'agenzia Havas, antenata dell'Agence France Presse (Afp), viene fondata nel 1851; la tedesca Wolff nel 1849 e la britannica Reuter nel 1851. Havas si occupa allo stesso tempo di informazione e pubblicità. Reuter dà particolare rilievo ai propri servizi d'informazione economica. Le agenzie americane Ap (Associated Press) e Up (United Press) vengono inaugurate rispettivamente nel 1848 e nel 1907. Solo le tre agenzie europee sono di levatura internazionale. Tramite un trattato di alleanza concluso nel 1870, questa «triade» divide il pianeta in «territori» o sfere di influenza. Nasce cosí un mercato dell'informazione pensato mondialmente secondo interessi geopolitici. Ogni agenzia si impegna a non «invadere i territori» delle altre due. La Reuter si riserva tutto l'impero britannico, l'Olanda e le sue colonie, l'Australia, le Indie orientali e l'Estremo Oriente. Alla Havas spettano la Francia, l'Italia, la Spagna, il Portogallo, il Medio Oriente, l'Indocina e l'America latina. La Wolff si concentra sull'Europa centrale e settentrionale (la «concessione» su questi mercati le sarà revocata alla fine della guerra del 1914-1918). Alcuni territori, come l'impero ottomano e l'Egitto, divengono oggetto di un accordo per lo sfruttamento comune, mentre altri, come gli Stati Uniti, vengono dichiarati «neutrali». Questa organizzazione oligopolistica rende piú forte il monopolio di ciascuna agenzia sul proprio mercato nazionale. La regola dei cartelli e dei «territori» sarebbe durata per piú di mezzo secolo.

Il giungere tardivo sulla scena mondiale delle agenzie di stampa americane non impedisce al modello giornalistico americano di far sentire il suo peso determinante sull'evoluzione della stampa francese nel periodo particolarmente cruciale in cui i quotidiani, affrancati dalla legge del 1881 sulla libertà di stampa, cercano di catturare un mercato popolare. Nel 1883, viene edito a Parigi un giornale di lingua inglese, il *Morning News*. Nel 1884, prendendo spunto da quella breve esperienza, nasce *Le Matin*, animato da un équipe di giornalisti tra i quali figurano molti inglesi e americani. Piú tardi, il *New York Herald* lancia una propria edizione europea a partire dalla capitale francese. Per i quotidiani francesi e per la Havas, che continuano a privilegiare le notizie politiche e diplomatiche, la parte nobile del mestiere, è lo choc. Si trovano messi a confronto con un modello di giornalismo che privilegia il *news value*, l'*human interest*; un'informazione che colpisce, rapida, concisa come il messaggio telegrafico, utile, che tratta degli avvenimenti piú diversi. Secondo lo storico dei media Michael Palmer, è a partire da questo primo incontro con il modello professionale d'oltreoceano che nasce il concetto di «americanizzazione». Questa nozione prende piede anche nel campo del divertimento, quando, durante l'Esposizione universale del 1889, sbarcano Buffalo Bill e la sua variopinta troupe di «pellerossa». La stampa parigina si arrischia allora a paragonare due differenti stili di spettacolo: Sarah Bernhardt e il «Napoleone della prateria», Corneille e le cavalcate selvagge.

Il 1889 è un anno fondamentale per la legittimazione dell'informazione internazionale. In quell'anno accadono tre fatti ricchi di *human interest*: Fascioda, il caso Dreyfus e lo sbarco dei *marines* a Cuba. Per far scoppiare la guerra nell'isola caraibica, uno degli ultimi possedimenti del moribondo impero spagnolo, alle prese con una ribellione della popolazione autoctona, la stampa sensazionalistica di William Randolph Hearst, clone del *Citizen Kane* che sarebbe stato reso immortale da Orson Welles, lancia una gigantesca e martellante campagna che trova sfogo nelle manifestazioni di piazza. Le immagini di miseria e di fame, di donne e bambini scheletrici internati nei campi di raccolta, i *reconcentrados*, in modo da evitare ogni contatto tra loro e gli insorti, vengono utilizzate per creare una mobilitazione di sentimenti e fanno il giro del mondo, diventando l'alibi per un intervento imperialista di nuovo tipo, anche se non coloniale. Un famoso aneddoto riassume bene la particolarità del momento. Hearst inviò a L'Avana un reporter e un celebre disegnatore, Frederic Remington, il quale, dalla capitale cubana, telegrafò al suo padrone: «Niente da segnalare, Tutto tranquillo. La guerra non ci sarà. Conviene rientrare». Hearst gli rispose immediatamente: «Vi prego di restare. Datemi le immagini, io vi darò la guerra». Durante la prima guerra mondiale, questo comportamento deviante della stampa costituirà una «controreferenza» che offrirà allo stato maggiore francese la scusa per legittimare la censura in tempo di guerra.

Decisivi nei rapporti tra guerra e informazione, gli ultimi decenni del XIX secolo lo sono anche nel campo dell'informazione finanziaria. Nel 1888, un centinaio d'anni dopo la nascita del *Times*, decano dei quotidiani moderni, esce a Londra il primo numero del *Financial Times*. L'anno seguente nasce a New York il *Wall Street Journal*.

2. *L'informazione strategica*

Parallelamente all'informazione giornalistica, compaiono i primi dispositivi di osservazione e di analisi del mercato internazionale. Nel 1899, l'agenzia americana J. Walter Thompson, archetipo della moderna agenzia di pubblicità, già forte di una quarantina d'anni di esperienza, apre a Londra un ufficio di consulenza per gli industriali europei smaniosi di esportare i loro prodotti negli Stati Uniti. Nel 1888, questa stessa agenzia aveva messo in vendita un annuario bilingue (francese-inglese) per iniziare gli europei ai misteri del mercato e della stampa statunitensi. Presso la propria sede centrale, aveva anche creato un ufficio incaricato di occuparsi dell'America latina. Per le prime campagne pubblicitarie lanciate in Europa dalla filiale londinese della Thompson per dei marchi americani si dovettero attendere gli anni venti.

In Inghilterra, le agenzie d'informazione commerciale (che inizialmente si occupano soprattutto di informazioni relative al credito e alla solvibilità delle varie aziende) nascono negli anni trenta del XIX secolo; a New York negli anni quaranta, nel 1857 in Francia e tre anni piú tardi in Germania. Alla vigilia della prima guerra mondiale, Berlino è la sede di una delle piú grosse società mondiali di informazioni strategiche, frutto della fusione, avvenuta nel 1887, tra la W. Schimmelpfeng e la Bradstreet Co. Nel 1890, questa società, che si occupa tanto di schedare sistematicamente le varie imprese sulla base dei dati statistici pubblicati quanto di spionaggio industriale, contava centosei dipendenti; nel 1914 i dipendenti sono diventati duemilaquattrocento e il numero delle filiali è passato da quindici a cento. Questa cultura dell'informazione strategica, modellata sui metodi dello stato maggiore imperiale tedesco, si è trasferita nel corpo consolare rinnovato da cima a fondo.

La legittimazione dell'informazione economica nell'Europa del XIX secolo giunge al termine di un lungo percorso, e conferma l'ipotesi dello storico americano David Landes, secondo cui «il desiderio di imparare dagli altri» è uno dei fattori del progresso delle «società occidentali» nel processo di industrializzazione. Innovazione fa rima con imitazione; cosí, la pratica dello spionaggio industriale percorre come un filo rosso tutta la storia europea moderna, tanto piú che altre civiltà meno intraprendenti in questo campo possedevano conoscenze tutt'altro che trascurabili in campo tecnico. Conseguenza di ciò, per esempio, la diffusione delle invenzioni importate dalla Cina (la manovella, la polvere da sparo, il compasso, la carta e, molto probabilmente, la stampa).

II. Verso l'industrializzazione della cultura

1. Le prime forme di cultura di massa

La letteratura di serie, o «letteratura industriale», come si diceva al tempo della sua nascita, assume la sua forma definitiva in Francia tra gli anni trenta e quaranta. Le regole che sovrintendono a questo genere si trovano all'incrocio delle tradizioni letterarie popolari di paesi assai diversi come la Spagna e l'Inghilterra. Prima formula esportabile di una cultura destinata a un vasto pubblico, il feuilleton diventa lo strumento per la creazione di una vera e propria «internazionale del sentimento». Solitamente viene tradotto in molte lingue, e la sua formula è fatta propria da molti paesi che lo adattano alla mentalità locale. La cristallizzazione del genere è legata alla storia della stampa, al cui mondo il feuilleton è strettamente legato essendo stato concepito come mezzo per far crescere le tirature dei giornali, allo stesso modo della pubblicità e di un altro genere pionieristico di cultura di massa, i *comics*.

Se l'Europa lega tra loro cultura industriale e genere melodrammatico, gli Stati Uniti si dedicano invece ai fumetti. I fumetti appaiono nei supplementi domenicali dei quotidiani nell'ultimo terzo del XIX secolo, nel bel mezzo della furibonda guerra che vedeva opposti i magnati della stampa newyorkese Joseph Pulitzer e William Randolph Hearst. I fumetti cominciano ad assumere il loro stile caratteristico intorno al 1895. Suddivisione del lavoro e standardizzazione della produzione vanno di pari passo con l'internazionalizzazione. Questa è assicurata da un meccanismo innovativo, il *syndicate*, un intermediario onnipotente, proprietario esclusivo dei diritti d'autore, che può ritoccare i disegni, cambiare i dialoghi e scegliere degli altri autori. Una prassi di questo tipo, che attribuisce il copyright al solo produttore, spiega l'ostinato rifiuto del governo statunitense di affiliarsi all'Unione internazionale di Berna per la protezione delle opere letterarie e artistiche, ratificata nel 1886 da dieci soli Stati. Un secolo dopo, gli Stati Uniti continueranno ancora a contestare il concetto di «diritto morale» dell'autore, pietra angolare della Convenzione di Berna, di cui Victor Hugo fu uno dei primi promotori.

Il primo *syndicate*, l'International News Service, è creato da Hearst nel 1909. Oltre ai fumetti, l'agenzia vende alla stampa i diritti di riproduzione e di traduzione delle cose piú diverse: articoli, reportage, giochi o parole crociate. Il gruppo Hearst fonda nel 1915 un altro *syndicate*, il King Feature, destinato a diventare il piú grande distributore mondiale di *comics*. A sua volta, nel 1929, la United Press si doterà di un proprio *syndicate*, lo United Feature. Il primo fumetto a guadagnare una notorietà internazionale fu *Bringing Up Father*, la *family strip* di George McManus, di proprietà della King Feature. Il fatto che si trattasse di un prodotto destinato a un ampio pubblico costituito da famiglie, e che protagonista fosse appunto una cellula familiare, non fu un caso. La scelta di una tematica morale, fatta a scapito di altri prodotti del tempo meno standardizzati e conformisti, appariva come il denominatore comune necessario per raggiungere un pubblico internazionale ed eterogeneo.

Gli storici del fumetto fanno notare che, ben prima della nascita dei *comics*, esiste già in Europa un altro tipo di narrazione che utilizza le immagini. Continuando la tradizione della caricatura, che aveva avuto nell'Inghilterra del XVIII secolo e dell'inizio del XIX la propria terra d'elezione, lo svizzero Rodolfo Töpffer (1799-1846), romanziere, drammaturgo e disegnatore, aveva inaugurato, verso la fine degli anni venti del XIX secolo, un nuovo genere, quello delle «storie illustrate», di cui, durante la vita dell'autore, oltre alle edizioni originali francesi si ebbero molte edizioni straniere. La tiratura delle «storie illustrate» era però modesta, e la loro diffusione avveniva per mezzo di una modesta rete di distribuzione. Il motivo per cui, nonostante ciò, queste antenate del fumetto hanno a che fare con il fenomeno dell'internazionalizzazione risiede nella discussione sollevata da Töpffer circa la tipologia o la caratterizzazione dei suoi personaggi, la loro individualizzazione attraverso tratti costanti che li distinguono. Su questi problemi si confrontano, in quello stesso periodo, i maestri del feuilleton. È noto infatti che Balzac, nella *Comédie humaine*, e Sue, nei *Mistères de Paris*, si sono ispirati, per creare i loro personaggi, alla fisiognomica, molto in voga a partire dagli ultimi decenni del XVIII secolo. Questa pseudoscienza pretendeva di stabilire un rapporto tra la «superficie visibile» e «ciò che questa copre di invisibile», di trovare delle corrispondenze tra il viso e la personalità, fornendo cosí un catalogo di tipologie espressive. Non c'è bisogno di ricordare a quali eccessi porta questo tentativo di decodificazione psicologica basata sull'aspetto fisico nel momento in cui l'antropologia criminale tenta di tracciare, nell'ultimo quarto del XIX secolo, il «profilo» del «delinquente». Nel 1845,

Töpffer elabora un saggio critico premonitore sull'impiego delle tipologie grafiche normalizzatrici in cui mette in guardia dal rischio della schematizzazione e della semplificazione.

2. *Suono e immagini in movimento*

Nel 1877, Edison inventa il fonografo. All'inizio del XX secolo, la sostituzione del cilindro con il disco a 78 giri fa decollare in modo definitivo questa industria. Nel 1895, i fratelli Lumière eseguono la prima proiezione cinematografica. L'industria fonografica e quella cinematografica assumono immediatamente una portata internazionale.

A partire dal 1897, la Pathé Frères si gettò nell'industria musicale. La britannica The Gramophone Company e la tedesca Deutsche Gramophon vengono fondate nel 1898; l'americana Victor Talking Machine nel 1901. Dell'anno successivo è la prima registrazione qualitativamente soddisfacente: canta Enrico Caruso. Lo stesso cantante registra nel 1904, a Milano, il primo disco che supererà il milione di esemplari. Varcando l'oceano, la voce di Caruso stabilisce un legame tra gli emigrati italiani e la madre patria. A partire dai primi anni del XX secolo, le grandi compagnie fonografiche possono contare su una rete internazionale di agenti. Prefigurando un tipo di industria culturale dagli interessi incrociati, la The Gramophone Co., già solidamente posizionata sul mercato europeo, impianta uno stabilimento a Calcutta e degli studi di registrazione a Bombay, la cui produzione viene esportata in Africa orientale.

La diffusione del cinema è cosí rapida che anche i paesi asiatici e quelli dell'America latina entrano in contatto con questa tecnica contemporaneamente all'Europa e agli Stati Uniti. Si girano film anche in paesi come l'Egitto, il Messico, il Brasile, la Cina e l'India. Ma anche in quest'ultimo paese, che in seguito avrebbe riscoperto il proprio mercato interno e sarebbe diventato uno dei piú grandi produttori mondiali, la costruzione progressiva di un mercato internazionale del cinema relega in secondo piano le produzioni locali.

Emblema dell'imprenditoria internazionale d'anteguerra, la Pathé apre, nel 1904, le proprie succursali di New York, Mosca e Bruxelles, e, nei sei anni successivi, quelle di San Pietroburgo, Amsterdam, Barcellona, Milano, Londra, Budapest, Istanbul, Calcutta, Varsavia e Rio de Janeiro. Produttrice e distributrice di film, la società francese esercita il proprio controllo su ogni componente dell'industria cinematografica: compra sale di proiezione, fabbrica e vende macchine da presa e pellicola. Prima del 1914, il monopolio dei produttori francesi Pathé e Gaumont è tale per cui a Inghilterra e Germania non resta che concentrarsi sulla distribuzione e sullo sfruttamento; tranne poche eccezioni, i film devono essere importati dalla Francia. Molto dietro vengono Danimarca e Italia, che possiedono due società di produzione di una certa importanza. Negli Stati Uniti, abortito un tentativo di integrazione orizzontale e verticale, il periodo immediatamente precedente la prima guerra mondiale è caratterizzato soprattutto dalla fondazione di Hollywood. Separatasi da Los Angeles nel 1913, la futura capitale del cinema americano nasce a causa della guerra dei brevetti (1909-1914) su iniziativa di alcuni produttori indipendenti che rifiutavano di pagare le licenze e avevano interesse ad allontanarsi da New York per stabilirsi in una regione prossima a una frontiera, oltre la quale avrebbero potuto nascondere le proprie apparecchiature qualora avessero tentato di sequestrargliele. A differenza di quel mezzo di comunicazione iconografica che sono i *comics*, la cinematografia si rivela uno strumento potente in grado di amalgamare le masse degli immigranti. La prima guerra mondiale favorisce la diffusione del cinema americano fuori dai suoi confini nazionali.

3. Il pubblico

La nascita della stampa destinata alla massa stabilisce i termini di un dibattito sulla libertà d'opinione. A questo proposito vengono rispolverati gli stereotipi di una tradizione conservatrice nata in opposizione alla rivoluzione francese. Il ricordo perturbante dell'esplosione rivoluzionaria, la cui idea viene associata a quella di un comportamento selvaggio da parte di folle di fanatici, crea un'immagine della folla come «popolaccio». Associata a ogni sollevazione, sciopero o manifestazione violenta, questa concezione riprende vigore nell'ultimo decennio del XIX secolo grazie alla «psicologia della folla». Legato ai princípi dell'antropologia criminale, questo approccio alla collettività che pretende di spiegare in termini di psicopatologia sociale l'irruzione delle masse nella vita cittadina impregna il dibattito sugli effetti della sempre crescente libertà di stampa e di associazione. In questo senso, le nuove forme di associazione e riunione collettiva appaiono come una minaccia per l'ordine stabilito e diventano sinonimo di «regressione culturale». Si ritiene, infatti, che la folla sia incapace di agire e reagire se non come farebbe un sonnambulo, un essere sotto ipnosi, allucinato, soggetto alla propaganda, impulsivo, crudele e irrazionale. Questa posizione è, per esempio, quella sostenuta da Gustave Le Bon (1841-1931) nella sua *Psychologie des foules*.

Altri, al contrario, pensano che quello della folla sia un fenomeno del passato, e che il futuro «appartenga» al «pubblico». Secondo questi, la società tende sempre piú a dividersi in «pubblici» differenti, che si sovrappongono alle tradizionali divisioni religiose, economiche, estetiche e politiche, come corporazioni, sette, scuole e partiti. Entrando in contatto con il fenomeno dell'internazionalizzazione, queste nuove modalità di aggregazione sarebbero diventate piú complesse, dal momento che, come ha scritto Gabriel Tarde (1843-1904) nell'*Opinion et la foule* (1901), il giornalismo è una «pompa che aspira e fa aumentare di volume le informazioni propagate in ogni punto del globo terrestre». Seguendo il suo ragionamento, il fatto che grandi quotidiani, come il *Times* e *Le Figaro*, o alcune grandi riviste avessero già un pubblico sparso in tutto il mondo doveva far sperare nella nascita di pubblici «essenzialmente e definitivamente internazionali».

Resta il fatto che alla vigilia della grande guerra il dibattito sulla natura del pubblico, e di conseguenza sulla forza di persuasione esercitata dalla stampa sui lettori, è dominato da una rappresentazione definita «diffusionista», per cui ogni ragionamento proviene sempre da un centro tutelare che impone la propria visione del mondo alle diverse periferie. Nelle città l'operaio prende come modello il borghese; nelle campagne il contadino ha come punto di riferimento l'operaio. Per quanto riguarda la scena internazionale, per conoscere il proprio futuro le nazioni meno sviluppate devono ineluttabilmente guardare a quelle che hanno raggiunto un alto livello di civilizzazione. L'idea di un'influenza che procede solo in un senso è consustanziale all'ideologia del progresso lineare e continuo, e dà vita al concetto di civilizzazione inteso nel suo significato piú comune.

4. *La stampa missionaria*

Al di là della stampa popolare, continua lo sviluppo della stampa missionaria cattolica, importante collettore di punti d'osservazione internazionali. In questo settore, la Francia, «figlia primogenita della Chiesa», rappresenta un elemento fondamentale. Nel 1882 nascono a Lione gli *Annales de la propagation de la foi*, che ricevono la benedizione di Roma. Questa pubblicazione bimestrale funge da organo informativo per un vasto meccanismo di raccolta di lasciti ed elemosine che accompagnano la Chiesa cattolica romana nel raggiungimento dell'obiettivo stabilito dal Papa dopo la caduta di Napoleone: «Avvolgere la terra con una rete di missioni». Gli *Annales* seguono inizialmente la tradizione iniziata nel XVII secolo dai gesuiti francesi con la pubblicazione delle lettere missionarie, quindi, nel 1868, con il nome di *Les Missions catholique*, diventano un settimanale e si adeguano all'evoluzione del giornalismo, inserendo sempre piú nelle proprie pagine informazioni concrete sulla «gloriosa marcia dell'Apostolato». Tradotto in molte lingue, il periodico lionese diventa un modello per le altre nazioni cattoliche. Alla fine della prima guerra mondiale si contano nel mondo piú di quattrocento riviste missionarie in lingue diverse.

Questa forza della stampa confessionale è in contraddizione con la dottrina ufficiale del Vaticano in materia di libertà d'espressione. La Chiesa di Roma aveva infatti messo all'indice l'*Encyclopédie* e in seguito si era opposta alle rivendicazioni dei cattolici liberali francesi in favore della libertà di stampa.

III. La necessaria interdipendenza

1. *Il mondo come gigantesca società di assicurazione*

Il XIX secolo consacra la comunicazione quale «strumento di civilizzazione». Le sue reti forniscono una rappresentazione del mondo come «vasto organismo» le cui singole parti sono tutte solidali tra loro. La nozione biomorfica di «interdipendenza», ricalcata sull'immagine dell'interdipendenza delle cellule, conferma l'idea diffusa che esista un'interconnessione tra gli individui e le società. La parola «internazionalizzazione» acquista diritto di cittadinanza alla fine del secolo, prima nella lingua inglese, poi nelle lingue latine che dall'inglese prendono in prestito il termine.

Questa dipendenza che lega tutti e tutto nello spazio e nel tempo, questa solidarietà organica, mostra la via verso un nuovo tipo di organizzazione sociale che costituisca un'assicurazione universale e garantisca la ripartizione dei rischi tra tutti. La nazione e il pianeta diventano una sorta di gigantesca società di mutua assicurazione gestita dagli Stati, che, calcolando i rischi e fissando i premi che ciascuno deve pagare, funziona sulla base della reciprocità. Un tale principio, risultato dell'applicazione del calcolo delle probabilità alla gestione della cosa pubblica, dà vita, all'interno dello Stato-nazione, allo Stato assistenziale e al suo regime d'assicurazioni sociali, e, nel campo delle relazioni internazionali, prepara la dottrina che, alla fine della prima guerra mondiale, stabilirà i fondamenti giuridici del primo sistema internazionale di solidarietà e di reciprocità calcolate, il primo meccanismo incaricato di garantire la mutua sicurezza: la Società delle nazioni e l'Ufficio internazionale del lavoro.

2. *L'uniformazione del pianeta: fantascienza?*

L'idea che l'interdipendenza delle nazioni spinga inesorabilmente il mondo verso l'unificazione culturale si diffonde all'inizio del XX secolo. A questo proposito, il romanziere George Herbert Wells (1866-1946), nel suo saggio *Anticipations*, inizia un dibattito che prende spunto dalle seguenti domande: quale lingua si parlerà in Europa e nel mondo nel terzo millennio? E insieme alla lingua, luogo supremo in cui si definisce l'identità culturale di una nazione, quale cultura si imporrà sulle altre? Il problema, in effetti, è scottante. La Francia, la cui lingua era da piú di centocinquant'anni la *lingua franca* delle relazioni internazionali, sentiva già scricchiolare la propria predominanza linguistica sotto i colpi di altri idiomi; cosí, allo scopo di fare fronte a questa «lotta darwiniana» per l'egemonia linguistica, creò, nel 1883, l'Alliance française, un'associazione nazionale per la diffusione della lingua francese nelle colonie e all'estero.

Wells non condivide affatto il parere delle Cassandre che danno per acquisita la supremazia della lingua inglese. Secondo lui, nel 2000, saranno due o tre le lingue che si disputeranno il «dominio sul mondo». La competizione decisiva sarà comunque tra il francese e l'inglese. Il francese, secondo Wells, dispone in ogni caso di buone carte nella partita contro la diretta rivale; soprattutto in Europa, dove il terzo millennio si aprirà con la realizzazione di un sogno, quello della Confederazione europea, che aveva avuto i suoi primi sostenitori in filosofi come Saint-Simon all'inizio del XIX secolo (e chi avrà il predominio in Europa, continente tutelare della civiltà universale, sarà un punto di riferimento per l'intero universo). Il francese dovrebbe ottenere il predominio grazie al fatto che la sua influenza culturale «oltrepassa di gran lungo i propri confini politici». Ma il piú grande vantaggio del francese, sempre secondo lo scrittore britannico, non risiede forse nel fatto che le opere pubblicate in Francia sono di alto livello scientifico, filosofico e letterario? Nei paesi di lingua inglese la situazione è completamente diversa; soprattutto in Inghilterra, dove sono predominanti «romanzi adeguati alla mentalità delle donne, dei bambini o degli uomini d'affari superoccupati, storie il cui scopo è addormentare invece che stimolare la riflessione, solo libri, dunque, che garantiscono un profitto tanto agli editori quanto agli autori». A meno di un «rinascimento culturale» e di un cambiamento nella mentalità della «poco numerosa classe sociale che monopolizza il mondo degli affari, e che è incapace di comprendere il significato politico della questione linguistica», l'inglese non può sperare di togliere al francese la propria posizione egemone. Quello che è accaduto con la crescente industrializzazione della cultura tutti lo sanno.

Nonostante ciò, sempre secondo Wells, tutte le forze che si oppongono al «mantenimento dei sistemi locali» e che spingono il mondo verso l'adozione di una o due «lingue unificatrici», forze che lui deduce estrapolandole dalla realtà del proprio tempo (il panamericanismo, il panlatinismo, il pangermanesimo, il panslavismo), non implicano necessariamente l'omogeneità. Infatti, «piú grande sarà l'organismo sociale, piú complesse e diverse le sue parti, piú ingarbugliate e diverse saranno le combinazioni della cultura e gli incroci». Nel 2000, il moltiplicarsi delle forme piú diverse di comunicazione (le relazioni, i viaggi, i trasporti) avrà costretto il mondo a stabilire un «compromesso bilingue», per cui ogni comunità farà uso di una lingua ecumenica e della propria, che sarà limitata alla sfera nazionale.

Capitolo terzo
La propaganda

La grande guerra conferisce alla propaganda la sua dignità. La pace la consacra come strumento di governo. Tra le due guerre mondiali, le ambizioni egemoniche degli Stati Uniti fanno nascere tra gli artisti europei i primi timori riguardo la cultura commerciale. Con l'avvicinarsi della seconda guerra mondiale, le strategie di propaganda danno il «la» all'internazionalizzazione della radio.

I. La gestione dell'opinione di massa

1. Una guerra fatta di informazioni

Prima guerra totale, la guerra del 1914-1918 ha fatto della «mobilitazione delle coscienze» secondo alcuni, o del «bombardamento dei cervelli» secondo altri, una priorità assoluta. Guerra politica, economica e ideologica, questo conflitto mondiale ha superato gli angusti limiti dei campi di battaglia. I contendenti mettono in piedi organismi ufficiali di propaganda e di censura, il piú attivo dei quali è la britannica Crew House, dove lavorano giornalisti come Lord Northcliffe, proprietario del *Times*, e romanzieri come G.H. Wells e Rudyard Kipling. Quale centro dell'emissione dei dispacci, Londra diventa il referente tecnico per informare il mondo sull'andamento della guerra. Il governo statunitense istituisce il Comitato di informazione pubblica, o Comitato Creel, dal nome del giornalista che lo dirige. È all'interno di questo comitato che si fa le ossa Edward Bernays (1892-1995), futuro fondatore dell'industria delle pubbliche relazioni. La quantità di chiacchiere, di notizie inventate e di immagini contraffatte messe in circolazione è direttamente proporzionale alla severità della censura.

Per la Francia, che non è seconda a nessuno nell'applicazione della censura sul piano interno, la prima guerra mondiale è un'occasione per constatare il ritardo della propria diplomazia nel campo dei cosiddetti «mezzi di influenza intellettuale all'estero». Mettendo insieme giornalisti e editori, viene istituita una Maison de la Presse i cui corrispondenti si trovano nelle sedi diplomatiche. Nella primavera del 1918, si aggiunge a questa un comitato speciale creato sotto l'egida del ministero dell'istruzione e delle belle arti con lo scopo di dare un orientamento alla «propaganda artistica all'estero». Ne fanno parte in modo particolare i rappresentanti delle case d'alta moda.

Nel 1917, dopo la pesante disfatta di Verdun, l'alto comando dell'esercito tedesco propone al Kaiser di fondare la società di produzione e distribuzione Ufa (Universum Film Aktiengesellschaft). In accordo con le banche e alcune grandi aziende, i militari riuniscono le diverse imprese del ramo e fondano una società la cui attività raggruppa tutti i «settori del cinema, comprese la fabbricazione e la commercializzazione di tutte le attività legate all'industria cinematografica e dell'immagine luminosa». L'idea alla base di questo progetto non è solo quella di utilizzare tale dispositivo a scopo propagandistico, ma anche di dotare il paese di un'industria cinematografica in grado di assicurargli il controllo del mercato interno dominato a quel tempo dalle case produttrici straniere. Nel febbraio del 1916, il governo aveva emesso una serie di ordinanze riguardanti l'importazione dei film, che da quel momento era sottomessa a un'autorizzazione speciale.

L'anno seguente veniva impedita ogni importazione. È la prima volta nella storia che una nazione si oppone alla dottrina del libero scambio a partire da un'industria culturale.

L'Ufa è la prima società cinematografica al mondo a realizzare un'integrazione verticale delle proprie attività. Il Reich inventa i concetti di «cinema di guerra», «troupe cinematografica» e «ufficiale addetto al cinema». Tuttavia non ci sarà il tempo per mettere in moto tutte le risorse di questo progetto nato all'insegna del gigantismo e, soprattutto, troppo militarizzato. All'indomani della firma del trattato di pace, gli strateghi tedeschi individueranno nell'efficacia della propaganda alleata una delle cause decisive della sconfitta.

2. *La scoperta della propaganda*

Il peso della propaganda sulle sorti del conflitto, riconosciuto da entrambi gli schieramenti rivali, le conferisce una reputazione di onnipotenza. I discorsi apologetici dei pubblicitari e dei politologi, fondatori della sociologia americana dei media, trasferiscono l'esperienza del periodo bellico al tempo di pace. Prende corpo la convinzione che la democrazia non possa piú fare a meno delle moderne tecniche di «gestione invisibile della società allargata», all'interno come all'esterno dei confini dello Stato-nazione. Già i primi «specialisti in relazioni internazionali» comprendono come la diplomazia debba fare leva piú sulla «psicologia di massa» che sul «fascino» e sugli «accordi segreti».

Nel 1922, l'americano Walter Lippmann (1889-1974) dà alle stampe *Public Opinion*. In quest'opera, destinata a diventare un testo di riferimento nelle scuole di giornalismo delle università americane, Lippmann sviluppa una prima teoria dell'opinione pubblica e dei suoi rapporti con la pace internazionale a partire dal comportamento tenuto dai media durante la guerra e nell'immediato dopoguerra. Dalla sua esperienza di capitano impiegato nella propaganda bellica e di consigliere della delegazione statunitense alla conferenza di pace, trae una prima riflessione sulla natura dell'informazione e sugli stereotipi che impediscono ai governi e ai popoli di capirsi. Questa teoria è preventivamente messa alla prova da Lippmann in un lungo articolo-rapporto di quarantadue pagine intitolato «A Test of the News», apparso in un supplemento del *New Republic* il 4 agosto del 1920. Redatto in collaborazione con il suo compatriota e collega giornalista Charles Merz, anche lui ex ufficiale, questo lavoro analizza il modo in cui il *New York Times* ha costruito, tra il 1917 e il 1920, l'immagine del «pericolo rosso». I due autori parlano addirittura di una sistematica campagna di disinformazione destinata al pubblico americano. Comunque sia, il Dipartimento di giustizia e l'Fbi si basano proprio su degli stereotipi per lanciare la prima caccia alle streghe contro gli «agenti e i cospiratori pagati da Mosca», i «rossi». Tale campagna culminerà nel 1927 con l'esecuzione degli immigrati italiani Sacco e Vanzetti, simbolo di un errore giudiziario provocato dalla pressione di un'opinione pubblica surriscaldata.

Lo stesso anno, Harold Lasswell (1902-1978) pubblica un libro fondamentale nel campo della sociologia funzionalista dei media: *Propaganda Techniques in the World War*. Come dice il titolo, l'argomento della riflessione gli è stato fornito dalla grande guerra. Sotto la lente d'ingrandimento del politologo, la propaganda emerge con un'aura d'onnipotente efficacia.

3. Alta cultura o marketing?

Appena firmato l'armistizio, la Casa Bianca, senza trarre alcun insegnamento dai fatti della guerra, sopprime il Comitato Creel e blocca ogni tentativo di prolungare il lavoro di informazione ufficiale all'estero. Gli Stati Uniti avranno cosí un brusco risveglio quando si diffonderà nel mondo la propaganda nazista.

Il governo britannico crea il Marketing Board allo scopo di promuovere i prodotti dell'impero (*Buy British*). Una sottosezione del servizio Pubblicità e Educazione viene incaricata della produzione cinematografica; a dirigerla è lo scozzese John Grierson (1898-1972). Grierson, dopo avere fatto la guerra su un dragamine, era andato negli Stati Uniti dove non solo aveva potuto studiare la produzione dei primi film di Robert Flaherty, ma anche gli esordi dell'industria delle pubbliche relazioni. Al suo ritorno fa della sua organizzazione un vivaio della scuola documentarista britannica, alla quale sono chiamati a collaborare anche cineasti stranieri. Grierson è anche la testa pensante del progetto di creazione del British Council e della sua rete di agenzie culturali, un vasto piano d'azione «per la promozione dell'Inghilterra nel mondo» in cui la propaganda cinematografica occupa un posto d'onore.

Quanto alla Francia, non trae alcuna lezione né dallo sviluppo delle tecniche audiovisive, né dal ruolo strategico assunto dall'informazione e dalla propaganda. Confidando nella vocazione universale della cultura illuminista, riprende le grandi linee della sua politica di «relazioni culturali internazionali». Convinta che la buona immagine di una nazione all'estero si misuri con la ricezione che ne hanno le élite dei vari paesi, moltiplica gli invii di missioni d'insegnamento universitario.

II. L'irresistibile ascesa degli Stati Uniti

1. *La base del potere delle comunicazioni*

Durante la prima guerra mondiale vengono messe a punto le tecniche di codificazione e di decodificazione dei messaggi segreti, e si perfezionano gli strumenti telegrafici e telefonici. Cosa ancora piú importante, in quel periodo viene confermata la funzione delle radiocomunicazioni e la supremazia industriale della Gran Bretagna in questo settore.

Dopo la fine della seconda guerra mondiale, la marina

militare statunitense, in nome degli interessi strategici nazionali, cerca di contrastare questa posizione dominante. Grazie alla sua insistenza, nel 1919, la American Marconi, filiale della British Marconi, viene acquistata da un consorzio di cui fanno parte i grandi gruppi che si occupano di elettricità e telecomunicazioni: General Electric, ATT e Westinghouse, cui si aggiunge anche la United Fruit. L'operazione culmina nella creazione di una società specializzata nelle tecniche di radiocomunicazione, la Rca (Radio Corporation of America). A partire dal 1926, questa società comincia a costruire la prima rete radiofonica degli Stati Uniti, la Nbc. All'inizio degli anni trenta, la International Telegraph & Telephone (Itt), simbolo della crescente potenza statunitense nel campo della comunicazione a grande distanza, infrange il monopolio detenuto dalle compagnie britanniche in America del sud a partire dalla posa del primo cavo sottomarino.

L'opportunità di costituire delle alleanze industriali sotto l'egida dei militari è già visibile nell'evoluzione delle vicende internazionali a partire dalla fine degli anni venti. In quel periodo, l'integrazione di diverse tecniche di trasmissione a distanza è al centro delle discussioni sulla regolamentazione delle reti internazionali. Nel 1932, l'Unione telegrafica e l'Unione radiotelegrafica si fondono e danno vita all'Unione internazionale delle telecomunicazioni. Per la prima volta viene usata in modo ufficiale la parola «telecomunicazione», inventata da un ingegnere francese all'inizio del secolo, e per la prima volta il termine «informazione» esce dall'orbita esclusiva del giornalismo (e delle procedure giudiziarie) e diventa un'unità di misura in una teoria statistica del segnale che apre la strada al codice binario.

2. *Lo spettro di Hollywood*

Nel 1919, il novanta per cento dei film programmati nelle sale europee provengono dagli Stati Uniti. La supremazia delle compagnie francesi non è che un ricordo.

Pathé ripiega su New York, riduce considerevolmente la sua attività, perde sul mercato estero e su quello interno: la prima compagnia francese non si risolleverà mai dallo choc della guerra. Nel 1927 si trasforma in Kodak-Pathé. In una situazione di recessione economica generale, l'arrivo del sonoro approfondisce ulteriormente la crisi dell'industria francese.

Le società americane hanno occupato i mercati lasciati vuoti dalla guerra. La possibilità di ammortizzare i costi di produzione dei film sul proprio mercato interno e su quello piú ristretto dei paesi piú vicini si rivela una carta fondamentale. Considerata come un «sovrappiú», la distribuzione all'estero può avvenire a prezzi concorrenziali. Ciò è tanto piú vero se si pensa che, quando si tratta di consolidare le porzioni di mercato estero, l'industria americana si ristruttura intorno a cinque *majors* (Paramount, Metro-Goldwyn-Mayer, 20th Century Fox, Warner, Rko) e ai propri modelli di organizzazione. Con i film arrivano anche i primi prodotti derivati, in special modo le produzioni di Walt Disney. A partire dal 1930, appena tre anni dopo la sua nascita, Mickey Mouse ha quotidianamente i suoi fumetti sul *Petit Parisien*, e nel 1933 ha il suo giornale.

La sola industria cinematografica capace di intralciare la strada ai produttori americani è quella tedesca. Tuttavia, piú che su quello dei film, con l'avvento del sonoro la lotta tra le due potenze del cinema avviene sul terreno dei brevetti. Nel 1930, l'accordo di Parigi, sottoscritto dalle società tedesche e da quelle americane, divide il mercato mondiale in due zone di influenza. Dei guadagni derivati dallo sfruttamento degli apparecchi sonori beneficiano esclusivamente i gruppi finanziari dei due paesi contraenti. L'accordo ricalca quello concluso nel 1907 dalle grandi industrie elettrotecniche mondiali per limitare la concorrenza in quel settore già in mano a pochi.

Questo accordo sul materiale non intacca minimamente il potere di Hollywood. Sul piano della produzione cinematografica, la lotta contro le *majors* continua a essere impari. Un numero sempre crescente di paesi progettano misure protezionistiche per permettere alle proprie società di sviluppare la produzione locale. La Germania della repubblica di Weimar ribadisce la decisione già presa al tempo del Kaiser di porre un limite all'importazione di film americani. In questo breve periodo che precede la seconda guerra mondiale si assiste a una straordinaria fioritura delle arti e delle lettere; gli studi dell'Ufa di Neubabelsberg accolgono artisti provenienti da tutto il mondo in una Germania che si dimostra innovativa anche nel campo del giornalismo fotografico dando vita a un nuovo genere, quello delle grandi riviste di attualità illustrate. La crisi finanziaria del 1927 obbliga tuttavia l'industria cinematografica tedesca a venire a patti con le *majors*. L'accordo Parufamet stabilisce che le società americane accettino di contribuire alle produzioni tedesche a patto che venga aumentata la quota di film americani autorizzati alla proiezione in Germania. Paradossalmente è a Hollywood che i grandi registi del cinema tedesco avranno modo di realizzarsi. Infatti, la salita al potere del nazismo nel 1933, e il potere assoluto della dittatura sull'Ufa, spingerà due anni dopo, molti di loro all'esilio. Allo stesso modo, il controllo esercitato dal nuovo regime sulla stampa è causa dell'emigrazione di molti tra i fotografi che avevano assicurato il successo delle grandi riviste di attualità. Questo genere di pubblicazione inventato in Germania aveva già ispirato, nel 1928, la rivista francese *Vu*, e sarebbe stato ripreso dall'americana *Life*, fondata nel 1936.

Anche la Francia opta per una politica di tipo protezionistico nell'ambito del mercato cinematografico; è questo il primo atto di una lunga tradizione nazionale. Nel 1928, il decreto Herriot fissa una quota limite di centoventi film americani all'anno, cifra che corrisponde alla produzione annuale media francese di prima della guerra. In Gran Bretagna, la legge obbliga i proprietari delle sale a dedicare il trenta per cento della programmazione ai lungometraggi nazionali e il venticinque per cento ai cortometraggi. A partire da questo periodo, le *majors* si dedicheranno soprattutto all'aggiramento della politica delle quote, stimolando la produzione locale o intensificando le coproduzioni. Tutti approfittano di una definizione di «film nazionale» che spesso è piuttosto vaga. La legge inglese, per esempio, considera come nazionale un film prodotto da una società americana, con un regista, uno sceneggiatore e degli attori americani; è sufficiente che una parte determinata dei costi di lavorazione costituisca un guadagno per tecnici britannici.

La conquista del mercato cinematografico internazionale da parte delle società americane, cosí come i loro accorati appelli in favore del libero scambio nel proprio settore, hanno il loro contraltare nel campo della stampa. Le agenzie di stampa americane approfittano dell'indebolimento delle posizioni dei propri concorrenti durante la guerra. Questo avviene in modo particolare nel caso dell'Up che coglie l'occasione per legare a sé i giornali dell'America latina, territorio assegnato alla Havas a partire dal 1870. Ovunque tentino di imporsi, le agenzie americane giocano la carta dell'informazione pluralista, diversa da quella che può essere diffusa sotto il controllo della censura. Nel 1930, Ap e Up fanno definitivamente cadere l'esclusiva del cartello europeo in nome di un nuovo principio strategico di internazionalizzazione che delegittima il concetto di «territori protetti»: l'accesso all'informazione deve essere libero in ogni parte del mondo.

3. *Arriva la pubblicità*

La guerra ha trasformato la nazione «debitrice» che erano gli Stati Uniti in creditrice del mondo. Verso la fine degli anni venti, l'economia fordista scalza il capitale britannico da molte delle posizioni da questo occupate all'estero, e il dollaro sostituisce la sterlina come valuta di riferimento per gli scambi internazionali. Nasce una nuova economia mondiale che ha in New York il suo centro. Insieme alla curva ascendente degli investimenti compiuti all'estero dalle società americane, cresce la presenza sul mercato mondiale delle agenzie di pubblicità, che diventano le teste di ponte della cultura commerciale.

Nel 1927, la casa automobilistica General Motors chiede a J. Walter Thompson di rappresentarla in giro per il mondo, e lo invita ad aprire agenzie ovunque ci siano le sue catene di montaggio e vengano distribuite le sue automobili. Nel momento in cui la recessione colpisce duramente i guadagni della pubblicità negli Stati Uniti, la Jwt apre una filiale dopo l'altra: ad Anversa e Madrid nel 1927, a Parigi e Berlino l'anno seguente, a Montreal, Bombay, San Paolo, Buenos Aires, Stoccolma e Copenaghen nel 1929, in Australia e Sudafrica nel 1930, a Toronto e Rio nel 1931. Dopo la General Motors diventano suoi clienti Eastman-Kodak, Kellogg's, Ford, Rca e Chesebrought-Ponds. Un'altra agenzia, la Mc Cann-Erickson, sbarca a Parigi e a Londra nel 1927, e a Berlino nel 1928, al servizio di una sola grande marca, la Esso. Convinto ammiratore della pubblicità, lo scrittore Blaise Cendrars la celebra come «un'arte che fa appello all'internazionalismo, o al poliglottismo». Fatta eccezione per una o due società britanniche, sul mercato internazionale ci sono solo agenzie statunitensi. La Francia continua a vivere nell'«era della réclame». È proprio a New York che il creatore della prima agenzia francese moderna, la Publicis, nonché inventore della pubblicità radiofonica in Francia, fa le sue prime esperienze negli anni venti. In questo periodo, in un'America che inventa la nozione di «fetta di mercato» e in cui si compiono i primi studi sistematici del settore, il marketing diventa fondamentale nelle strategie fordiste di gestione delle imprese e dell'insieme delle relazioni sociali, rendendo le grandi masse parte attiva della nascente società dei consumi. Dopo le filiali delle agenzie di pubblicità, nella seconda metà degli anni trenta sbarcano a Londra e a Parigi le prime società che si occupano di studi di mercato e di sondaggi d'opinione. Nelle nazioni interessate dal conflitto, la guerra imporrà uno stop a questa prima «ondata» di arrivi; negli altri paesi, invece, l'espansione delle agenzie americane continua. L'obbiettivo principale diventa l'America latina, che ha un doppio vantaggio: in primo luogo la maggior parte dei paesi che la compongono hanno optato per un'organizzazione commerciale dei loro mezzi di comunicazione, in secondo luogo l'intera regione è la patria d'elezione del capitale americano tra il 1930 e il 1950. Solo a partire da questa data i flussi di danaro impiegato in investimenti diretti si dirigerà verso l'Europa. È dunque sotto gli auspici delle agenzie di pubblicità e degli inserzionisti stranieri che si diffonderanno prima i feuilleton radiofonici, o *radionovelas*, e poi le *telenovelas*, ben prima che i produttori e i registi dei vari paesi latinoamericani se ne approprino e ne facciano un genere autonomo.

Già prima dello scoppio della seconda guerra mondiale, vengono gettate le basi di un'organizzazione corporativa su scala mondiale. Nel 1924 viene stipulata l'alleanza tra l'associazione delle agenzie di pubblicità britanniche e la sua omologa statunitense. Nel 1938 viene istituita a New York l'International Advertising Association (Iaa), prima organizzazione di difesa degli interessi professionali delle tre componenti di questa industria: agenzie, inserzionisti, supporti. Uno dei suoi compiti è quello di moralizzare l'attività pubblicitaria facendo osservare un codice internazionale. Tale codice di comportamento fu elaborato nel 1937 dalla Camera di commercio internazionale, istituita subito dopo la fine della prima guerra mondiale dai responsabili delle grandi imprese europee e americane allo scopo di contribuire alla nascita di un nuovo ordine economico mondiale. Introdotti grazie a questo codice deontologico professionale, i concetti di autoregolamentazione e di autodisciplina, opposti a quello di controllo tramite le disposizioni delle autorità pubbliche, si fanno largo sul mercato internazionale. Insieme a questi, viene alla luce l'idea che stabilisce una connessione tra la democrazia e la *democratic marketplace*, tra la libertà d'espressione dei cittadini e la «libertà d'espressione commerciale», tra la libertà tout court e la libera circolazione delle merci. Tutti questi argomenti verranno ripresi dalle *majors* riunite nella Mpea (Motion picture export association), il cui scopo è quello di eliminare gli ostacoli alla circolazione dei loro film.

4. *Americanizzazione o crisi della civilizzazione?*

L'irruzione delle reti finanziarie e dei prodotti della cultura di intrattenimento statunitensi sui mercati europei viene recepita in certi ambienti artistici e intellettuali come un'aggressione contro quella tradizione ancorata a un'idea elevata della cultura, che un quarto di secolo prima G.H. Wells considerava come la migliore garanzia di una perenne influenza della cultura francese all'estero. Le nozioni di «americanizzazione» e di «americanismo» stigmatizzano ormai un pericolo che minaccia dall'esterno lo spirito europeo. Meccanizzazione, democrazia di massa, livellamento verso il basso, irreggimentazione, materialismo, tutte queste accuse cercano di frenare i cambiamenti dovuti all'incontro con la «giungla americana» e il suo culto del potere del denaro. «L'americanismo ci sommerge», tuona Luigi Pirandello, premio Nobel per la letteratura nel 1934. «Io credo che laggiú sia stato acceso un nuovo faro della civiltà. Il denaro che circola nel mondo è americano e dietro questo denaro corrono il mondo e la cultura.» Rompendo con questa idea dei rapporti tra l'Europa e il Nuovo mondo caratterizzata dalla difesa della cultura elevata, il filosofo Antonio Gramsci intravede, sotto la legittimazione crescente del fordismo e il suo ideale di razionalizzazione della produzione industriale, dei cambiamenti in grado di superare la semplice riorganizzazione dell'impresa per giungere a riguardare l'insieme dei meccanismi del controllo sociale.

Nel 1930, nella sua opera *Il disagio della civiltà*, Sigmund Freud passava in rivista le «cause della disillusione» e sottolineava il carattere ambivalente del «recente dominio sullo spazio e sul tempo». Si interrogava in modo particolare sull'importanza della fotografia e del disco in quanto «materializzazione della facoltà che è stata data all'uomo di ricordare, altrimenti detta memoria». «L'uomo», scriveva Freud, «è per cosí dire diventato una specie di dio-protesi, veramente magnifico quando è equipaggiato di tutti i suoi organi accessori; tuttavia questi non formano un tutt'uno con lui e ogni tanto gli danno ancora del filo da torcere… Le età future recheranno con sé nuovi e forse inimmaginabili passi avanti in questo campo che appartiene alla civiltà, accresceranno ancora la somiglianza dell'uomo con Dio. Pure, nell'interesse della nostra indagine, non dimentichiamo che l'uomo d'oggi, nella sua somiglianza a Dio, non si sente felice.»

Inaugurato dalla visione apocalittica del tedesco Oswald Spengler, autore del *Tramonto dell'Occidente*, il periodo tra le due guerre si chiude con la riflessione di Paul Valéry sulla «crisi dello spirito». Per lo scrittore francese, questa crisi si confonde con quella dell'identità europea e dell'universalità, e non è il prodotto di fattori esterni, ma è causata dalla perdita del «capitale culturale», o dalla rarefazione di quegli uomini che «sapevano leggere: virtú che è andata persa», di quegli uomini che «sapevano capire e anche ascoltare», che «sapevano vedere, rileggere, ricomprendere e rivedere».

III. L'internazionalizzazione delle frequenze

L'arrivo della radio rafforza le strategie internazionaliste della propaganda governativa. Un paese in particolare si distingue in questo campo, l'Unione Sovietica, che a partire dal 1929 dà il via a regolari trasmissioni in tedesco e in francese, e l'anno seguente in inglese e in olandese. È questo il logico prolungamento di una strategia di esportazione della rivoluzione formulata nel 1921, durante il III Congresso dell'Internazionale comunista, in un documento programmatico chiamato «Tesi sull'organizzazione e la struttura dei partiti comunisti». La creazione di una struttura centrale mondiale come il Komintern permette di gettare le basi di una formidabile rete di «comunicazione internazionale», di cui i partiti fratelli sono i relais e i punti d'appoggio. Nel 1923, lo Stato-partito riorganizza la propria agenzia di stampa che prende il nome di Tass.

A partire dal 1931, anche la Chiesa romana si dota di un mezzo di comunicazione poliglotta, Radio Vaticana. È dalla Germania, però, che prende definitivamente slancio l'internazionalizzazione della radio. Il potere nazista inventa il concetto di «guerra psicologica», che era un leitmotiv di *Mein Kampf*, e lo applica alla sua politica estera. Nel 1933, viene inaugurata la stazione radio a onde corte di Zeesen, nelle vicinanze di Berlino, le cui trasmissioni sono indirizzate alle numerose comunità di emigrati tedeschi; la stazione trasmette anche in inglese in direzione degli Stati Uniti. Tre anni piú tardi, durante i giochi olimpici di Berlino, avrebbe trasmesso in diretta in ventotto lingue. Nel 1935, Mussolini e il fascismo danno prova della stessa precocità nell'uso propagandistico della radio trasmettendo in arabo verso l'Africa e il Medio Oriente. Nel 1936, durante la guerra civile spagnola, l'utilizzo della radio in lingua straniera da parte dei contendenti lascia presagire il ruolo strategico di questo nuovo mezzo di propaganda.

La prima risposta alle trasmissioni provenienti da Berlino viene data nel 1934 dal cancelliere austriaco, il cristiano-sociale Engelbert Dollfuss, che poco prima di essere assassinato dai nazisti decretò il disturbo delle frequenze radiofoniche usate dai tedeschi. I numerosi sforzi compiuti dalla Società delle nazioni per rappacificare i diversi paesi della comunità internazionale attraverso «patti di non aggressione radiofonica» (il primo dei quali viene firmato nel 1936 dalla maggioranza dei membri) sono destinati al fallimento. In questo campo, come in molti altri, la Società delle nazioni non riesce a imporsi come «tribunale dell'opinione pubblica» (*court of public opinion*), o come la «coscienza del mondo», secondo l'espressione di uno dei suoi fondatori, il presidente americano Wilson (paradossalmente il suo paese, votato all'isolazionismo, rifiuta ostinatamente di farne parte). L'Unione internazionale della radiodiffusione, creata nel 1925, non ottiene risultati migliori. Questa organizzazione, sotto l'influenza preponderante della Germania, sarà la sola istituzione internazionale a non sospendere la propria attività durante la seconda guerra mondiale. La discussione intorno all'uso propagandistico della radio non impedisce che vengano riciclate alcune ideologie salvifiche riguardanti la comunicazione. Nel 1934 l'americano Lewis Mumford (1895-1990), storico della tecnica e della città, per altri versi molto lucido a proposito del potenziale di «irreggimentazione di massa» della radio, fa sue le utopie di Kropotkin e Geddes. Mumford immagina la possibilità di un uso diverso delle reti di radiodiffusione, che possono essere il mezzo per far rivivere nel nostro tempo l'epoca dell'agorà delle piccole città della Grecia antica.

Solo in ritardo Gran Bretagna e Stati Uniti prendono coscienza dell'importanza strategica delle reti di propaganda della Germania nazista. Nel 1938, la Bbc (che durante la guerra sarebbe stata chiamata a svolgere una funzione di catalizzatore nello scontro con le potenze dell'Asse, e a controbilanciarne il potere con le sue emissioni in ventitré lingue diverse) dà vita a un servizio in lingua tedesca; in seguito trasmetterà anche in spagnolo e in portoghese in direzione dell'America latina. Lo stesso anno, la Casa Bianca incomincia a mobilitare le reti radiofoniche private degli Stati Uniti per neutralizzare la sempre crescente influenza della Germania nei paesi dell'America latina, dove vivono colonie numerose di emigrati particolarmente attivi nella diffusione degli ideali hitleriani. La Walt Disney, le riviste *Time* e *Life*, e il *Reader's Digest* abbracciano la causa antifascista. Fondato nel 1922, il *Reader's Digest* è uno dei primi periodici a pubblicare, a partire dal 1940, delle edizioni in lingua straniera (nel caso specifico spagnolo e portoghese) proprio allo scopo di contrastare il potere dell'Asse in America latina. Anche *Time* pubblica le sue prime edizioni regionali in lingua inglese sempre destinate ai paesi sudamericani.

Nel febbraio del 1942, Washington si sostituisce alle

compagnie radiofoniche private e si dota di una radio ufficiale, *Voice of America*. La propaganda all'estero viene affidata a due organismi: l'Office of War Information (Owi), incaricato della normale propaganda (*overt propaganda*), e l'Office of Strategic Service (Oss), competente nel campo delle operazioni clandestine (*covert propaganda*). A differenza di quanto era avvenuto nella prima guerra mondiale, durante la quale furono impiegati soprattutto giornalisti e scrittori, queste nuove istituzioni reclutano i loro uomini tra i professionisti che lavorano nelle agenzie di pubblicità e di relazioni pubbliche, e si servono anche di professori universitari di sociologia, psicologia e antropologia. La maggior parte dei pionieri della sociologia funzionalista dei media hanno in questa occasione il loro primo impatto con le realtà internazionali.

Capitolo quarto
La geopolitica bipolare delle tecnologie

Lo scenario della guerra fredda ripropone la concezione propagandistica della comunicazione e influenza la creazione dei sistemi satellitari. L'asse nord-sud incrocia l'asse est-ovest. Infatti, «raggiungere» il Terzo mondo diventa piú importante del confronto tra i due sistemi politici rivali. Nella lotta contro il sottosviluppo, la comunicazione diventa sinonimo di modernizzazione.

I. Conquistare i cuori e le anime

Terminate le ostilità, l'Oss si trasforma in Cia (Central Intelligence Agency), e l'Owi in Office of International Information, per diventare, nel 1953, Usia (US Information Agency). Alla radio ufficiale, *Voice of America*, Washington affianca due radio clandestine: *Radio Free Europe* (1950), che trasmette in direzione dei paesi dell'est, e *Radio Liberty* (1953), indirizzata agli ascoltatori sovietici. Tutte e due le radio sono finanziate fin dall'inizio dalla Cia e, a differenza di quanto avviene per *Voice*, i cui giornalisti sono americani, vi lavorano immigrati provenienti da paesi del blocco socialista. Per quanto riguarda l'est, Stalin, in cambio di aiuto da parte di Stati Uniti e Inghilterra, nel 1944 accetta di eliminare il Komintern e rimpiazza *L'Internazionale* con un inno nazionale agiografico a sua propria glorificazione; ciò non toglie che Radio Mosca continui a riversare all'estero la propaganda dello Stato-partito.

Due differenti tesi sulla regolazione dei flussi internazionali di comunicazione si oppongono in un duro confronto: da un lato il principio del *free flow of information*, ispirato alla teoria liberale della libera circolazione delle merci, ratificato dal Congresso ed elevato al rango di dottrina ufficiale dal Dipartimento di Stato americano, che nel 1944 lo inserisce tra gli obiettivi della guerra; dall'altro la dottrina del Cremlino che, preoccupato di sottrarre i suoi cittadini all'influenza dei media occidentali, nasconde sotto un'espressione altisonante, «sovranità nazionale», le sue necessità di sicurezza interna, e interpreta l'arrivo delle onde radio internazionali come «l'ingerenza di una potenza straniera negli affari interni di uno Stato-nazione». Vecchio quanto la rivoluzione, il concetto di «aggressione ideologica» è complementare a questa rappresentazione dell'Unione Sovietica come «cittadella assediata».

Nel 1947, l'Unione internazionale delle telecomunicazioni (Uit) viene incorporata, quale «organismo tecnico», come l'Unione postale universale, nelle neonate Nazioni Unite. Sotto la sua egida si svilupperanno le polemiche sull'uso dello spettro radiofonico. Lo stesso anno, la Conferenza di Atlantic City non fa che confermare, in materia di ripartizione delle frequenze, il «diritto di prima occupazione» adottato dalle potenze navali all'inizio del secolo. Tre anni piú tardi, la tesi sovietica che legittima il ricorso degli Stati al sistematico disturbo delle trasmissioni straniere viene messa in minoranza. Le discussioni non sarebbero finite che alla caduta del muro di Berlino. Infischiandosene di tutto, Mosca e i suoi satelliti penalizzano l'ascolto delle trasmissioni straniere e bloccano lo sviluppo dell'industria civile delle radiocomunicazioni.

Da una parte e dall'altra della cortina di ferro, le teorie

del complotto e della manipolazione diventano il catechismo cui attingere per spiegare ogni mossa dell'avversario. Ogni parte si considera impegnata in una battaglia per la «conquista dei cuori e delle anime», per usare un'espressione inventata dai *psychological warriors*. A partire dal 1953, la sociologia funzionalista statunitense dei media comprende l'importanza della posta in gioco e fonda un nuovo campo di studi battezzato ufficialmente «comunicazione internazionale». Le ipotesi che vengono prospettate sono tanto piú marcate da manicheismo quanto piú a formularle sono ricercatori che, durante la seconda guerra mondiale, hanno lavorato come esperti di guerra psicologica nell'Oss e nell'Owi. Alcuni tra loro, d'altra parte, riprendono servizio in qualità di consiglieri permanenti di *Voice of America*, o accompagnano le truppe americane quando scoppia la guerra di Corea (1950-1953). È il caso, per esempio, del futuro fondatore del celebre Institute of Communication Research dell'università di Stanford, Wilbur Schramm, coautore nel 1951 di un testo intitolato *The Reds Take the City*, in cui viene presa in esame la funzione svolta dalla psicologia nella conquista di Seoul da parte dell'esercito comunista.

All'est, i teorici dello Stato-partito catalogano una volta per tutte gli autori dell'«aggressione ideologica» raccogliendoli sotto la generica categoria di «mezzi di propaganda borghese». Tuttavia, la pluralità linguistica delle trasmissioni sovietiche verso l'estero (nel 1970, per esempio, Radio Mosca trasmette in direzione dell'Africa duecentotrentacinque ore settimanali in quindici lingue diverse, contro le centotrenta in quattro lingue di *Voice of America*) non compensa la faziosità del messaggio. Ripetendo affermazioni ogni giorno piú insostenibili se messe a confronto con l'esperienza stessa degli ascoltatori, secondo il parere dei consiglieri dell'Usia i media sovietici non hanno piú alcun impatto se non su coloro già da sempre «convinti».

II. La conquista dello spazio

1. Il complesso militare-industriale

Se l'imperativo della difesa contro «le minacce provenienti dall'estero» ha da sempre rappresentato per l'Unione Sovietica uno degli principali argomenti con cui legittimare il regime, nonché uno dei motori centrali della sua economia, per gli Stati Uniti rappresenta invece una novità portata dall'inizio della guerra fredda.

A partire dal 1947, questa inedita situazione viene istituzionalizzata con il National Security Act. Questo decreto fornisce il quadro legale che permette di tenere in piedi la mobilitazione eccezionale propria degli anni della guerra, impedendo una smobilitazione che avrebbe potuto riportare nel paese la recessione degli anni trenta. In pratica vengono eliminate le divisioni tra l'ambito pubblico e quello privato, tra quello civile e quello militare, tra la ricerca applicata e quella pura, tra i laboratori industriali e i centri di studio e di ricerca universitari. Vengono cosí riproposte le esperienze delle sinergie sperimentate durante la seconda guerra mondiale, che sarebbero culminate nella creazione di sistemi balistici controllati da grandi calcolatori elettronici, primo esempio della futura informatica. Può essere utile dare qualche dato della massiccia partecipazione dello Stato americano alle spese di ricerca e sviluppo delle società elettroniche e aerospaziali, culla tecnologica dell'informatica e della comunicazione. Nel 1930, la quota del bilancio federale dedicata alla ricerca privata e pubblica non superava il quattordici per cento; nel 1947 è salita al cinquantasei per cento. Le logiche del confronto planetario mettono cosí a tacere le considerazioni dell'inventore della cibernetica Norbert Wiener, che, nel 1948, vedeva nell'ormai prossima affermazione della «società dell'informazione» la garanzia di un non-ritorno alla barbarie della seconda guerra mondiale.

L'afflusso di fondi provenienti dal Pentagono, rinnovati di volta in volta in occasione delle guerre in Asia, svolge una funzione decisiva nell'invenzione, realizzata dall'Ibm nel 1959, del primo computer a transistor. I sussidi permettono soprattutto di costruire le prime reti di comunicazione intercontinentali, che inizialmente sono nate nell'ambito della stretta coordinazione tra bisogni militari e produzione industriale. Sempre negli anni cinquanta, gli Stati Uniti, su richiesta dell'aviazione militare, costruiscono la rete di difesa continentale Sage (Semi-automatic ground environment). Collegando ogni computer a un'unità radar che registra le traiettorie dei voli, e connettendo tramite il telefono tutti i computer del sistema, questo strumento inaugura la trasmissione dei dati in tempo reale: la «teleinformatica». Un'altra applicazione che ci avvicina alla fine del secolo risale al 1958, quando cominciano i primi esperimenti di collegamento tra i computer dei centri di ricerca che lavorano per il ministero della Difesa americano. Sotto gli stessi auspici, nasce la prima rete di trasmissione di dati, l'Arpanet (Advanced research project agency network), che collega tra loro i centri di calcolo delle università e questi ultimi, tramite satellite, con Londra e le regioni del Pacifico passando per le Hawaii. A partire dalla sua concezione, legata al quadro della sicurezza nazionale, questo sistema conserva in sé l'idea che sta alla base della sua creazione, quella di costruire una rete di computer collegati in modo tale che la trasmissione dei dati numerici possa essere effettuata in piú modi, e che l'insieme non soffra troppo nell'eventualità della distruzione di uno o piú centri di calcolo. Su questa tecnologia, piú che su qualsiasi altra cosa, si baserà negli anni novanta la realizzazione della rete di Internet.

2. *Intelsat*

Lo Sputnik, il primo satellite artificiale, viene lanciato nello spazio dall'Unione Sovietica nel 1957. Raccogliendo la sfida, gli Stati Uniti fondano l'anno successivo la Nasa (National aeronautics and space administration), il cui obiettivo principale è certo quello di conquistare la Luna, ma che annovera tra i suoi scopi anche quello di costruire un sistema di collegamento mondiale.

Nel 1962, il satellite *Telstar* collega l'Europa agli Stati Uniti. Nel 1965 viene messo in orbita *Early Bird*, il primo satellite geostazionario per la telecomunicazione commerciale della rete internazionale dei satelliti Intelsat (International telecomunications satellite consortium). Questo consorzio è la forma istituzionale, approvata dal Congresso, che a partire dal 1964 la Nasa e l'industria aerospaziale americana propongono ai «paesi del mondo libero» per renderli partecipi dello sfruttamento di un sistema di comunicazione mondiale. Agli inizi, il controllo di Intelsat da parte degli Stati Uniti è assoluto. Da un lato, il consorzio è gestito da una società privata di tipo particolare, la Comsat, di cui quattro «giganti» come Att, Itt, Rca e Gte (General Telephone & Electronics) possiedono il quarantacinque per cento delle azioni; l'altra metà di queste è ripartita tra una miriade di piccoli azionisti e tra le centosessantatré restanti aziende americane che operano nel campo della comunicazione. Nel suo consiglio di amministrazione, oltre ai rappresentanti degli azionisti, sono presenti tre delegati della Casa Bianca. Dall'altro lato, gli Stati Uniti sono proprietari del sessanta per cento di Intelsat, quota fissata in funzione dell'effettivo utilizzo che ne fa questa nazione. La Gran Bretagna, la Francia e la Germania federale ne possiedono il venti per cento, mentre il resto è distribuito tra altre quindici nazioni industrializzate. Tra i partner del consorzio non è presente alcuna nazione del Terzo mondo. Tuttavia, fedele alla dottrina dello Stato assistenziale internazionale, Intelsat offre a ogni nazione in via di sviluppo l'utilizzo della rete a una tariffa ridotta; i paesi industrializzati si fanno carico di coprire la differenza.

Nel 1965, l'Unione Sovietica offre agli altri paesi del blocco socialista l'accesso al proprio sistema satellitare, Intercosmos. Sei anni dopo istituisce un organismo a carattere commerciale, Intersputnik.

La corsa allo spazio quale metafora di una moderna «nuova frontiera» dura poco piú di dieci anni. L'era della distensione dà il via a progetti di aggancio tra le navicelle delle due superpotenze (*Soyuz*). L'industria spaziale americana inizia la sua riconversione concentrandosi su applicazioni utili nel breve periodo. Sebbene le spese del Pentagono nel campo dei satelliti spia non diminuiscano affatto, il grosso del budget della Nasa viene ormai utilizzato per il lancio di satelliti utili per la comunicazione, l'osservazione meteorologica, la navigazione aerea e marittima o per lo studio delle risorse naturali. Nel luglio del 1972, la Nasa lancia il primo satellite civile per l'osservazione della terra, Erts-1 (Earth Resources Technology Satellite), in seguito ribattezzato Landsat-1.

Al contrario, le autorità sovietiche non pensano affatto a derivare prodotti civili dal proprio sistema militare. Fondato sul controllo dell'informazione, questo sistema di potere continua e essere imprigionato nella logica prioritaria ed esclusiva della difesa. La macchina industriale sovietica era stata capace di inventare nel 1947 il celebre kalashnikov, l'arma di cui si sono serviti i guerriglieri di tutto il mondo, ma fu incapace di concepire il transistor, altra invenzione che, diffusa a partire dalla seconda metà degli anni cinquanta, ha cambiato la vita di tutti i giorni e la geopolitica. Per avere la certezza che i propri cittadini non ascoltino le trasmissioni provenienti dall'estero, l'Unione sovietica promuove l'ascolto collettivo e costruisce degli apparecchi di ricezione via cavo che non sono in grado di captare le radio estere.

La corsa alla conquista dello spazio è rimasta a lungo una questione tra americani e russi. Solo negli anni ottanta l'Europa arriva a contrastare l'industria americana dei lanci e dei satelliti. La reazione statunitense non si fa attendere: il presidente Ronald Reagan promuove la deregulation del sistema intergovernativo Intelsat, e lo mette in concorrenza diretta con i satelliti privati, abolendo tra l'altro la clausola che accordava tariffe ridotte ai paesi del Terzo mondo. Per quanto riguarda gli altri campi d'applicazione della tecnologia spaziale, tra il 1986 e il 1993 vengono effettuati con successo i primi lanci di satelliti civili per lo studio della terra (Spot-1, 2, 3). In campo militare, la dipendenza dai satelliti dei servizi d'informazione statunitensi, quali *Keyhole* e *Lacrosse*, dura per tutti gli anni settanta e ottanta, e si fa sentire in modo particolare nel 1990-1991 durante la guerra del Golfo e durante la crisi della Bosnia. Questa situazione non troverà soluzione che nel 1995, data in cui viene lanciato il primo satellite spia del programma Helios, prima maglia di un progetto di rete spaziale europea per l'informazione strategica. Nel frattempo, anche il club delle potenze spaziali non europee si è ingrandito, accogliendo in modo particolare la Cina e l'India.

III. Integrare il Terzo mondo

1. *Comunicare per sviluppare*

Nel 1949, in un discorso sullo stato dell'Unione, conosciuto come «Punto quattro», il presidente Truman mette al primo posto la lotta contro il «sottosviluppo». La nozione di «sottosviluppo», che prima della seconda guerra mondiale riguardava soprattutto il grado di «cultura» e di «civilizzazione» raggiunto da una nazione, prende una connotazione economica e orienta un vasto programma di mobilitazione delle risorse e dell'opinione pubblica intorno ai grandi squilibri che minacciano di essere «la culla del comunismo mondiale». Inaugurato negli anni cinquanta nelle zone delicate del Medio Oriente in preda ai tentativi di nazionalizzazione dei pozzi di petrolio, questo programma si dispiega in modo completo nel decennio successivo in America latina. Per contrastare la rivoluzione castrista (1959), Washington propone ai suoi vicini del sud un'«alleanza per il progresso», una «rivoluzione nella libertà».

Forti delle lezioni tratte durante il loro arruolamento nelle operazioni psicologiche d'oltremare in tempo di guerra, e dei progressi compiuti dal marketing industriale nel loro paese, i sociologi delle università americane estraggono da questo contesto le loro teorie. Il problema dello sviluppo è definito come un processo di diffusione delle «innovazioni». L'obiettivo delle strategie di persuasione diventa quello di «far evolvere» le capacità delle popolazioni «sottosviluppate», cioè di farle passare da una cultura e da una società cosiddette tradizionali a una cultura e a una società cosiddette moderne. Il modello dell'«occidentalizzazione» (*westernization*) riassume tutte le qualità che sono proprie dell'«attitudine alla modernità» e dei «gusti cosmopoliti».

L'indice di modernizzazione viene calcolato mettendo in rapporto i dati sui tassi di alfabetizzazione, di industrializzazione, di urbanizzazione e di esposizione ai media; vengono tracciate delle curve e stabilite delle tipologie di modernizzazione in base alle quali ogni paese del Terzo mondo occupa un determinato posto sulla strada che porta alla crescita del reddito pro capite. Per circa un quarto di secolo, questa griglia di lettura, che corrisponde allo spirito del tempo, governa i rapporti tra il nord e il sud del mondo e impregna la filosofia delle Nazioni Unite nel campo degli aiuti allo sviluppo delle politiche governative. L'Unesco si incarica cosí di tradurre in molte lingue i testi fondamentali di questa sociologia strumentale, mentre i suoi funzionari stabiliscono degli «standard minimi»: per uscire dal «sottosviluppo», per decollare, un paese deve disporre di almeno dieci copie di giornali, cinque apparecchi radio, due televisori, due posti al cinema ogni cento abitanti. Vettori di «comportamento moderno», i media sono visti come fattori di innovazione. In qualità di messaggeri della «rivoluzione delle speranze crescenti», propagandano modelli di consumo e aspirazioni rappresentati dalle società che hanno già raggiunto un livello di evoluzione superiore. Questo credo assoluto in un progresso esponenziale e nella virtú modernizzatrice dei media non fa altro che aggiornare le vecchie concezioni etnocentriche delle teorie diffusioniste del XIX secolo. Il «primitivo» è diventato il «sottosviluppato», e non gli rimane che imitare i modelli dei suoi fratelli maggiori. Questa concezione impregna l'uso dei media audiovisivi messi al servizio della «razionalizzazione» del lavoro contadino (adozione di nuove tecniche, uso dei fertilizzanti) e dell'educazione delle donne dei ceti piú bassi nel campo del controllo delle nascite. Inoltre, stimola le esperienze volte a utilizzare il satellite a fini educativi in grandi paesi come l'India e il Brasile. Il colmo viene raggiunto dal regime dittatoriale di quest'ultimo paese, che negli anni settanta rifiuta di riprendere la campagna di alfabetizzazione e di mobilitazione massiccia intrapresa dal precedente governo rovesciato con un golpe, e fa appello agli esperti di ingegneria educativa di Stanford per tentare un'effimera sperimentazione nella zona piú povera del Nordeste, togliendo nel frattempo la cattedra e costringendo all'esilio o alla clandestinità i propri sociologi, pedagoghi e antropologi.

2. *Rivolta!*

Nell'aprile del 1955, la Conferenza afroasiatica di Bandung (Indonesia) rappresenta l'atto di nascita del movimento dei paesi non allineati. Tre anni prima, il demografo Alfred Sauvy e l'antropologo Georges Balandier definiscono Terzo mondo questa sorta di «Terzo Stato» internazionale. La radio diventa, nelle mani dei movimenti di liberazione, uno strumento di lotta. La piú nota, *La Voce degli arabi*, viene inaugurata nel 1953 dal regime egiziano del colonnello Nasser; trasmettendo da Il Cairo, diventa portavoce della rivoluzione panaraba. Nel 1956, da Tunisi, *La Voce dell'Algeria combattente* investe la società algerina. Le autorità francesi rispondono disturbando sistematicamente le sue trasmissioni e vietando la vendita di apparecchi riceventi e di pile. Due anni piú tardi, la *Radio Rebelde* dei guerriglieri castristi, su iniziativa personale di Ernesto Che Guevara, lancia il suo primo messaggio dai territori liberati della Sierra Maestra.

Il conflitto algerino si rivela una vera e propria lezione

di problemi mediatici. Per la prima volta si scopre la funzione che da quel momento in avanti i movimenti ribelli attribuiranno alla radio per legittimare la loro azione davanti all'opinione pubblica internazionale. Tra l'altro, in questa occasione, gli specialisti francesi della controinsurrezione denunceranno aspramente il comportamento di certi media francesi e della stampa internazionale, accusandoli di avere fatto il gioco del nemico.

In seguito, al termine di un'altra guerra controinsurrezionale, quella del Vietnam, sono molti i consiglieri del Pentagono a far propria questa argomentazione. Nonostante i grandi investimenti fatti nelle operazioni di pressione psicologica, sia alla luce del sole sia clandestine, e in altre campagne di «pacificazione», le strategie di propaganda non sono riuscite a far indietreggiare i movimenti d'opinione pubblica. Questa è comunque la tesi proposta nel 1975, anno della caduta di Saigon, dal geopolitico Samuel P. Huntington, che prende in particolar modo in esame la nuova fonte di potere nazionale rappresentata dai *networks*, dai *news magazines*, dal *Washington Post* e dal *New York Times*. Traendo insegnamento da questo periodo di guerra, Huntington mette sotto accusa la «leggerezza» dei media e individua in questi una delle cause della crisi e dell'ingovernabilità delle democrazie occidentali. Questi concetti sono presenti, tra l'altro, nel titolo di un rapporto da lui redatto con la collaborazione del francese Michel Crozier e del giapponese Joji Watanuki per la commissione Trilaterale, un «gruppo di privati cittadini» fondato nel 1973 su iniziativa di David Rockfeller, presidente della Chase Manhattan Bank, e composto da piú di duecento personalità provenienti da America del nord, Europa occidentale e Giappone, il cui obiettivo è quello di elaborare delle soluzioni per uscire dalla crisi.

Capitolo quinto
L'organizzazione economica transnazionale

L'assetto geopolitico mondiale determinato dal permanere della guerra fredda ha rallentato il naturale sviluppo logico dell'economia. La capacità di quest'ultimo di organizzare l'ambiente economico planetario comincia a essere evidente solo a partire dagli anni settanta. Contestando l'ordine costituito nei rapporti economici e nell'uso dei mezzi di comunicazione, un nuovo protagonista della storia, il Terzo mondo, denuncia l'estensione in numerose direzioni della pratica dello «scambio ineguale». Da parte loro, gli Stati nazionali europei abbozzano una reazione contro le minacce di snaturamento delle rispettive politiche culturali e industriali provenienti dalle società multinazionali.

I. La fine del monopolio dei rapporti internazionali da parte degli Stati

Due ordini di fenomeni fanno rapidamente aumentare l'importanza dell'intreccio di interazioni e di rapporti non statuali come fattore di sviluppo dell'integrazione mondiale. Da un lato l'elaborazione di politiche industriali su base regionale, in primo luogo nella Comunità Europea; dall'altro le resistenze a oltranza opposte dalle grandi società alle nazionalizzazioni imposte dai paesi del Terzo mondo in settori economici strategici. Caso esemplare è l'assedio economico e ideologico di cui fu vittima il regime socialista instaurato in Cile dal presidente Salvador Allende nel 1970-1973, stritolato da un'alleanza tra l'opposizione politica interna, le forze armate, le società straniere (tra cui la ITT, International Telegraph & Telephone) e i servizi segreti Usa. Nei mesi seguenti il colpo di Stato militare che rovesciò il regime, quest'alleanza divenne di pubblico dominio in seguito alle dichiarazioni fatte da alcuni dei protagonisti nel corso di audizioni davanti a una commissione del senato americano.

Sempre piú gli studi sulla tendenza verso l'integrazione planetaria tengono conto dei soggetti e dei rapporti non statuali, cioè sovranazionali e transnazionali. In questo nuovo approccio, le reti delle comunicazioni sono in primo piano. Si pone il problema di dare una precisa denominazione ai nuovi soggetti. Poiché la presenza in paesi stranieri della maggioranza delle grandi aziende manifatturiere era conseguenza dello sviluppo delle loro esportazioni, per molto tempo, per definire l'espansione delle aziende fuori dei paesi d'origine, fu sufficiente parlare di «impresa internazionale» e di «internazionalizzazione». Tuttavia, già negli anni sessanta, queste denominazioni si mostrano inadeguate a definire i soggetti che dirigono i flussi di investimenti e l'installazione di impianti all'estero. Nasce allora la nozione di «impresa multinazionale».

La presa di coscienza del peso di queste compagnie nell'economia e nella politica internazionali dà una svolta alla questione. Gli esperti dell'Onu incaricati di studiare criteri per regolare l'attività delle compagnie straniere propongono di sostituire il termine «multinazionale» con «transnazionale». Il primo poteva indurre a credere che le imprese cosí definite fossero una somma di diverse nazionalità all'interno della quale le singole nazionalità mantenevano la loro individualità. Anche perché erano profondamente radicate nei paesi che le ospitavano. Il termine «impresa transnazionale» suggerisce una diversa considerazione politica delle aziende. Il nuovo prefisso evidenzia la non coincidenza dell'impresa con il paese in cui si trova, e insieme la direzione unica e centralizzata delle aziende di questo tipo. Nella continua ricerca della flessibilità, fonte dei risultati positivi, la compagnia transnazionale tende ad approfittare di tutte le condizioni favorevoli (ambientali, finanziarie, legislative) reperibili in ciascun paese, e, nello stesso tempo, a fuggire tutte le situazioni che considera contrarie ai propri interessi. Il termine «multinazionale» nascondeva il carattere «polemico» dell'espansione di queste nuove manifestazioni del capitalismo sovranazionale, e faceva pensare che l'economia mondiale fosse un mosaico di economie locali. La definizione «transnazionale», che implica il riconoscimento della tendenza generale all'integrazione a livello planetario, vuol ricordare anche la possibilità latente di situazioni conflittuali fra le imprese e i paesi in cui esse si stabiliscono. Cosciente di questo, l'Onu istituisce nel 1974 una commissione per le società transnazionali, ammessa al consiglio economico e sociale, e un centro di studi sulla stessa materia, dipendente direttamente dal segretariato generale. Il loro compito è chiaro: detto in linguaggio burocratico si tratta di «agevolare la redazione di protocolli internazionali in grado di regolare l'attività delle società transnazionali, al fine di favorire il contributo di queste allo sviluppo delle economie nazionali e alla crescita dell'economia mondiale, eliminando eventuali effetti negativi». Il centro studi è anche incaricato di redigere relazioni sulle strategie delle grandi aziende farmaceutiche e agroalimentari, sul comportamento delle reti pubblicitarie e sui flussi transfrontalieri dei dati.

I testi di marketing internazionale, piú pragmatici ed estranei a finezze concettuali, classificano le aziende operanti in diversi paesi in base a tre impostazioni differenti che dipendono dal modo in cui entrano sul mercato. L'azienda è definita «etnocentrica» (o monocentrica) quando le filiali all'estero sono strettamente legate all'identità nazionale della sede centrale. È «geocentrica» l'azienda le cui filiali sono «fortemente impegnate nella ricerca di una strategia ottimale in un'ottica cosmopolita». Infine, è «policentrica» l'azienda con poche filiali estere ben collegate alla casa madre ma gestite con autonomia. Questa classificazione prende atto delle molteplici forme in cui si è evoluta nel tempo la strutturazione delle aziende in funzione dei settori in cui operano.

Le imprese transnazionali del settore della comunicazione sono tra le prime a percepire gli aspetti conflittuali nel rapporto tra le esigenze locali, nazionali e transnazionali. Muovendosi nell'ambiente molto suscettibile delle varie identità locali, cercano di eluderle o di adeguarvisi tempestivamente applicando d'istinto regole darwiniane di adattamento.

II. Rapporti di forza e mediazioni nazionali

1. *L'espansione delle reti pubblicitarie*

Dopo la fine della seconda guerra mondiale, il Piano Marshall permette all'Europa devastata di riprendere la via dello sviluppo, ma è anche il cavallo di Troia dell'«americanizzazione della società». Il Piano apre la strada alla modernizzazione delle industrie ed è lo sfondo sul quale si riorganizza l'intera società. Inoltre, come ben chiarisce Luc Boltanski in una sua opera sui quadri dirigenti, diventa il veicolo di un sistema di valori, di sistemi sociali e di modelli di riferimento già sperimentati negli Stati Uniti. L'*human engineering* e le tecniche manageriali costruiscono uno standard dirigenziale.

Di questi cambiamenti strutturali fa parte la modernizzazione del sistema pubblicitario in Europa. I passaggi che questo compie illustrano lo sviluppo e le svolte del processo di transnazionalizzazione delle tecniche di marketing. Agli inizi, la pubblicità era concepita solo come «tecnica moderna al servizio della vendita»; con il tempo era diventata il sistema di trasmissione del concetto globale di comunicazione, e, come tale, un elemento centrale negli interessi della sfera pubblica. Sede privilegiata per la produzione di «eventi virtuali», cioè interamente costruiti con artifici ottici o acustici che spezzano la logica sequenza di un'informazione per risvegliare l'attenzione, diventa il laboratorio avanzato della cultura di massa.

A parte alcune reti costituite ai tempi della grande depressione, la prima grande ondata di internazionalizzazione delle agenzie pubblicitarie in Europa arriva negli anni cinquanta, e tocca il massimo nel decennio seguente, quello della «sfida americana». È una fase di colonizzazione, nella quale i protagonisti arrivano dagli Stati Uniti al seguito degli investimenti diretti delle grandi industrie. Il loro ingresso massiccio elimina, nei paesi dove si stabiliscono, molte agenzie locali. Solo in Francia, pur con l'aumento della presenza americana, le agenzie nazionali riescono a conservare la maggior parte del mercato grazie ai due storici nomi di punta: Havas e Publicis. Le filiali delle agenzie americane operano soprattutto per clienti americani. Inoltre, in molti paesi, e in modo particolare in Francia, sono escluse dagli investimenti pubblicitari delle grandi imprese e istituzioni statali e parastatali. Tra le filiali nei diversi paesi non ci sono strategie comuni, e tuttavia in ogni parte del mondo fanno scuola, forti dei loro studi e della loro esperienza. Basandosi su questa onnipresenza, il bollettino delle agenzie americane, *Advertising Age*, riconosce loro il ruolo di «rappresentanti diplomatici ufficiosi dell'Unione», poiché «rappresentano lo stile di vita del loro paese in modo piú intenso e realistico delle ambasciate e del Dipartimento di Stato».

La seconda generazione delle agenzie internazionali arriva negli anni settanta con il consolidamento delle aziende nazionali sopravvissute, che erodono spazi alle agenzie americane facendogli concorrenza presso la loro stessa clientela, e incominciano, a loro volta, a muoversi in un'ottica internazionale. La crescita dei mercati interni dà origine a diversi rapporti di forza fra i professionisti locali e le agenzie americane. Inoltre, in ogni parte del mondo, alcuni governi adottano misure nei confronti delle agenzie straniere all'insegna della tutela del mercato del lavoro, della protezione della lingua, della cultura nazionale e perfino della morale. Di fronte a questi atteggiamenti, interpretati come nuove forme di nazionalismo, le agenzie americane ripiegano su forme di associazione, con partecipazioni di minoranza, e reclutano i migliori professionisti locali; ma soprattutto riconoscono l'importanza delle «differenze culturali» e si sforzano di adeguarvisi. Il coordinamento tra le filiali di diversi Stati per potenziare i risultati di un'impresa transnazionale in ambito regionale o mondiale resta tuttavia un'eccezione che conferma la regola della libera concorrenza tra le diverse agenzie. Solo con l'avvento delle «reti planetarie» degli anni ottanta si sviluppa questo tipo di progetto globale. Questa terza generazione merita veramente il nome di rete e di soggetto a strategia mondiale.

2. Un esempio di resistenza istituzionale: il cinema francese

In contropartita degli aiuti economici forniti dal piano Marshall, i negoziatori Usa chiedono al governo francese di ridurre le restrizioni all'importazione di film americani in vigore dalla fine degli anni venti. Nel maggio del 1946 si firma a Washington l'accordo Blum-Byrnes, dai nomi del rappresentane francese Léon Blum e del segretario di Stato americano James Byrnes, che abroga le norme del decreto Herriot. Ai contingenti di importazione si sostituisce il criterio del tempo di programmazione, riservando ai film francesi quattro settimane per trimestre. L'accordo rappresenta un netto arretramento rispetto alla situazione esistente, poiché il tempo di «presenza sullo schermo» si riduce al trentuno per cento rispetto al precedente cinquanta per cento. Praticamente la nuova ripartizione non lascia spazio sufficiente per la circolazione nelle sale della produzione di cui è capace il cinema francese. Nel 1946 la Francia aveva prodotto novantasei film; nel 1947 solo settantaquattro. La crisi porta in piazza gli occupati nei diversi settori dell'industria cinematografica, dagli attori ai tecnici, ai produttori, sostenuti dalla stampa, che obbligano l'assemblea nazionale a rimettere in discussione gli accordi. I negoziati con Washington approdano a un nuovo trattato, sottoscritto nel settembre del 1948. Questo ripropone il sistema dei contingenti sovrapposto a quello dei tempi di programmazione. È autorizzato l'accesso nel paese di centottantasei film stranieri, di cui centoventuno potranno essere americani, e il «tempo di schermo» per le pellicole nazionali passa da quattro a cinque settimane, il che comporta un aumento della loro presenza dal trentuno al trentotto per cento. È evidente la drastica limitazione imposta ai prodotti degli altri paesi, il cui numero totale si riduce a sessantacinque, causando vive proteste da parte dei produttori inglesi. Nel 1948, i provvedimenti protezionistici sono accompagnati da concrete strategie per incentivare la produzione di film. Fulcro del sistema di difesa è il Centro nazionale della cinematografia (Cnc), che ha fra l'altro il compito di assicurare il reinvestimento nella produzione nazionale di una parte degli incassi dei film stranieri in Francia.

L'efficacia di questa politica di protezioni e di incentivi fa sí che la Francia sia uno dei pochi paesi in Europa e nel mondo a conservare un certo pluralismo sui propri schermi. Compiendo una scelta di segno contrario, la Gran Bretagna ha visto praticamente sparire il proprio cinema nazionale. Se ha conservato un'industria cinematografica è solo perché, da diversi anni, i principali committenti erano produttori di film pubblicitari. I cineasti inglesi, come Adrian Lyne, Tony Scott, Alan Parker, Ridley Scott, dopo essersi formati professionalmente girando nel proprio paese cortometraggi pubblicitari, non hanno avuto, per girare i loro film, altra possibilità se non quella di emigrare in California. Quanto all'Italia, che grazie al sostegno pubblico alla produzione era riuscita a tenere vivo il cinema nazionale, dovrà assistere al suo declino negli anni ottanta, sotto le spinte della *deregulation* e della privatizzazione di buona parte del suo settore audiovisivo.

3. La flessibilità dei rotocalchi

La guerra aveva proiettato nello spazio internazionale le riviste *Time* e *Newsweek*. Nel 1946, la prima contava quattordici edizioni, la seconda cinque, ma tutte in inglese. Solo il *Reader's Digest* aveva fatto la scelta di uscire in diverse lingue nazionali. Alle edizioni latino-americane erano seguite edizioni per la Francia, l'Italia, la Spagna, il Portogallo, e perfino la Svezia e la Finlandia. Questa rivista è rimasta a lungo il modello delle pubblicazioni transnazionali. Il *Reader's Digest* ha imparato molto in fretta ad adattare i suoi contenuti alla diversità delle culture nazionali, con una sapiente selezione degli articoli effettuata dal centro di coordinamento creato presso New York, l'adattamento agli interessi e ai gusti locali, l'utilizzo anche di materiale regionale o locale. Quarant'anni dopo la prima edizione estera, ne circolavano piú di trenta milioni di copie in una quarantina di edizioni in venti lingue. Per quasi un quarto di secolo, *Time*, *Newsweek* e *Reader's Digest* furono le sole riviste a oltrepassare le frontiere.

Altre pubblicazioni, le piú famose delle quali sono *Scientific American*, *Cosmopolitan*, *Family Circle*, *Playboy*, *Glamour*, *Good Housekeeping*, divennero internazionali a partire dagli anni sessanta utilizzando il sistema del franchising, in base al quale la società proprietaria della testata cede a un editore in ogni paese i diritti di utilizzo del titolo a precise condizioni e dietro pagamento di *royalties*. Grazie a questa formula, frutto di un'attenta valutazione dell'equilibrio tra le tendenze nazionali e le aspirazioni internazionali, il franchising si fa forte dell'appoggio di una rete forte con un know-how comune, di una vasta raccolta di materiale, di una quantità comune di articoli, di un portafoglio di potenziali inserzionisti e, talvolta, anche degli scambi di esperienze tra le redazioni delle varie edizioni nazionali. Inserita in un'organizzazione molto flessibile, ogni edizione può trovare modalità proprie di associazione con la società proprietaria del titolo, che conserva l'alta direzione sul suo utilizzo e ne sorveglia attentamente l'uso. La testata, poi, non si diffonde dappertutto nel medesimo tempo. Esistono avamposti e retroguardie. Talvolta, paesi del Terzo mondo sono interessati prima di grandi paesi industrializzati (ci sono otto anni di ritardo tra l'edizione latino-americana di *Cosmopolitan*, che risale al 1966, e quella francese). Inoltre, alcune testate non entrano in certi paesi. Il pubblico verso cui si indirizzano le versioni locali di riviste internazionali sono soprattutto le classi medie, con una tendenza verso le élite.

Negli anni settanta molte testate provenienti dagli Stati Uniti trovano concorrenza in iniziative editoriali nazionali, nate e sviluppate sul loro modello. Gruppi francesi e tedeschi conquistano spazi sulla fine del decennio. *Elle* moltiplica le sue edizioni all'estero e si lancia alla conquista del mercato americano. Dovunque, il pubblico a cui ci si rivolge è costituito dalle «giovani cittadine occidentali». Anche i giornali finanziari migliorano la loro penetrazione transnazionale. Nel 1976 il *Wall Street Journal* lancia da Honk Kong un'edizione asiatica; nel 1979 il *Financial Time* ha un'edizione europea, e il suo omologo americano lo segue quattro anni dopo.

III. Il risveglio di una coscienza planetaria

1. Verso un nuovo assetto mondiale delle informazioni e della comunicazione

Gli anni settanta segnano una svolta storica nel tipo di attenzione dedicata dagli studiosi ai meccanismi industriali che dominano la produzione dell'informazione e della cultura di massa, e agli squilibri internazionali nei flussi e negli scambi. È il momento dell'attenzione critica. Il primo focolaio nasce presso il Movimento dei paesi non allineati, il cui quarto vertice, riunito ad Algeri nel 1973, fissa i primi punti della richiesta di «un nuovo ordine mondiale per l'informazione e la comunicazione». La sede mondiale dove si svilupperanno le discussioni è l'Unesco, organo delle Nazioni Unite competente in materia di cultura, comunicazione, educazione e scienza. Questi dibattiti sono paralleli a quelli che si svolgono, dal 1974, sotto l'egida dell'Assemblea generale dell'Onu, entro il «Gruppo dei 77», l'equivalente del raggruppamento dei paesi non allineati in materia di economia, per ottenere una revisione del sistema internazionale degli scambi commerciali e per gettare le basi di un nuovo «ordine economico» (riforma delle istituzioni monetarie, trasferimento reale di risorse per finanziare lo sviluppo, accesso ai mercati del nord del mondo, trasmissione delle tecnologie). C'è un'idea centrale alla base del processo in corso nel campo delle comunicazioni: esiste un «imperialismo culturale», e la situazione di «dipendenza culturale» che questo determina non deriva da una manipolazione consapevole o da un complotto, ma è insita nella sua stessa natura. Lo stabilirsi di una posizione dominante è alla radice del principio di «scambio ineguale» tra il centro e la periferia.

Fin dal 1969, l'Unesco, allora presieduta dal francese Jean Maheu, aveva convocato a Montreal, su richiesta dei suoi componenti, una riunione di esperti. Ordine del giorno: redigere una relazione sullo stato delle conoscenze in materia e proporre degli indirizzi di approfondimento. Al centro del convegno si svolge un dibattito sulla «comunicazione a senso unico» che avverrebbe nei rapporti tra i paesi in via di sviluppo e gli altri, comunicazione che, per il suo carattere unilaterale, rischierebbe di «generare difficoltà per la reciproca comprensione tra le nazioni». Nel 1972, su sollecitazione della delegazione sovietica, era stata indirizzata, prima all'Unesco e poi all'Assemblea generale delle Nazioni Unite, la proposta di regolare con una convenzione le trasmissioni dirette da satellite (che non hanno bisogno di una rete a terra). Quando la proposta fu messa ai voti, gli Stati Uniti si trovarono isolati contro tutti.

Il dibattito sul «nuovo ordine» si avvia con la contestazione della «comunicazione spesso tendenziosa, scorretta, non obiettiva e inadeguata operata dalle quattro grandi agenzie di stampa dei paesi piú sviluppati, che monopolizzano la diffusione mondiale delle notizie». Sotto accusa sono in particolare le agenzie americane, la cui parzialità era concretamente evidenziata dall'atteggiamento tenuto nei confronti del presidente eletto del Cile, Salvador Allende. Sviluppandosi nel tempo, il confronto si allarga a ulteriori contestazioni su materie piú ampie, come la ripartizione delle frequenze e la costituzione di infrastrutture nazionali per le comunicazioni. Nel 1977 il nuovo direttore dell'Unesco, il senegalese Amadou Mahtar M'Bow, dà incarico a una commissione internazionale di studio dei problemi della comunicazione, presieduta dall'irlandese Sean MacBride, premio Nobel e premio Lenin per la pace, di preparare una relazione, che viene pubblicata nel 1980. È il primo documento ufficiale proveniente da un organo rappresentativo della comunità internazionale che denuncia, nero su bianco, lo squilibrio nei flussi dei dispacci di agenzia, nei programmi televisivi, nei film e negli altri prodotti culturali, nonché nel controllo delle attrezzature e degli impianti.

Il rapporto MacBride fu oggetto di un ampio dibattito alla conferenza tenuta a Belgrado, alla fine del 1980, dall'Unesco, ma numerose cause portano a una situazione di stallo. Opponendosi a oltranza, l'America di Reagan cerca di difendere a tutti i costi il principio assoluto del *free flow of information*. Dal canto loro, i paesi del blocco comunista complicano il gioco sostenendo la legittima esigenza di emancipazione del sud del mondo, volendo in realtà rafforzare la loro opposizione a qualsiasi apertura nei loro sistemi di comunicazione di massa. Per i dirigenti dell'est il momento è delicato: l'incubo delle trasmissioni dirette dal satellite si somma alla realtà sempre piú evidente di un sistema di controllo che, malgrado tutte le misure di disturbo delle frequenze, le emittenti transfrontaliere rendono sempre piú permeabile. Con la collaborazione dei movimenti di dissenso interni, le radio e le televisioni occidentali, e ben presto anche le videocassette, intaccano sempre più il sistema sovietico, facendo conoscere modelli di vita agli antipodi delle ristrettezze e degli slogan imposti e ripetuti dallo Stato-partito. Infine, finiscono per pesare sulla bilancia non solo l'estrema eterogeneità tecnologica dei paesi non allineati, ma anche le loro contraddizioni politiche interne. Certi paesi approfittano della tribuna internazionale per attaccare capri espiatori estranei, e cosí liberarsi delle loro colpe e mancanze in materia di libertà di espressione nei confronti dei loro giornali e dei loro artisti. Tuttavia, nonostante pesanti limiti, questo dibattito resta il primo grido d'allarme sul sistema di scambi disuguali di informazioni e di immagini. Le contestazioni, al di là della violenza e della retorica con cui si esprimono, sono la manifestazione della ribellione a un modello di sviluppo e a un tipo di rapporti fra nord e sud impostati dalle strategie di modernizzazione a partire dagli anni cinquanta. Criticando lo schema verticale del controllo della diffusione, esse pongono il problema dei rapporti tra democrazia e sviluppo, tra comunicazione e partecipazione. Sono anche l'occasione per fare emergere il pensiero di filosofi e saggi del Terzo mondo che avevano già denunciato le contraddizioni insite nella visione produttivistica e razionalista dello sviluppo. In concreto, le idee su cui si fonda il «nuovo ordine» ispirano la costituzione di agenzie di stampa nazionali, o di raggruppamenti regionali di agenzie, e l'adozione di politiche di settore, come quelle cui abbiamo accennato, volte a disciplinare l'attività delle agenzie di pubblicità straniere, o ancora come quelle che istituiscono mercati chiusi o protetti dalla politica delle quote per sostenere la produzione cinematografica nazionale.

Nel 1985, gli Stati Uniti, denunciando un'involuzione verso la «politicizzazione» dei problemi delle comunicazioni, si appellano all'Unesco, subito appoggiati da Singapore e dall'Inghilterra della signora Thatcher. Washington minaccia di fare altrettanto, con le stesse ragioni, presso l'Unione Internazionale delle Telecomunicazioni, che a partire dal 1979 era stata incaricata di organizzare la Conferenza amministrativa mondiale della radio (Camr). Per la prima volta centoquarantadue delegazioni si riuniscono per cambiare, a dispetto della rappresentanza americana, la regola del «diritto del primo occupante» in materia di ripartizione delle frequenze, imposta all'inizio del secolo dalle grandi potenze marinare.

Le discussioni sul nuovo ordine determinano indubbiamente un risveglio strategico. Anche per gli ambienti che difendono interessi corporativi, come l'International advertising association (Iaa) o la Società interamericana dei proprietari di giornali (Sip), che si prodigano in un'intensa azione di *lobbying*, esse furono il punto di partenza per una riorganizzazione strutturale, per prepararsi ad affrontare una sfida che si prospetta come globale, e tutt'altro che congiunturale. Questo accade in uguale misura sul fronte delle organizzazioni non governative, che, spingendosi oltre le affermazioni di principio degli Stati, prendono iniziative concrete in margine alle posizioni ufficiali. Da citare in particolare il caso delle reti di Ong (Organizzazioni non governative) che, fra il 1974 e il 1976, orchestrano con successo un boicottaggio internazionale della Nestlè, per ostacolarne le campagne pubblicitarie e promozionali martellanti a favore dei surrogati del latte materno nel Terzo mondo.

2. *L'Europa: i risvolti delle politiche culturali*

L'Europa è la seconda sede in cui si elabora una teoria sulla conseguenze dell'internazionalizzazione dei prodotti culturali, e la Francia vi recita una parte di primo piano.

Fin dal 1978, i ministri europei responsabili delle politiche culturali riconoscono il carattere «naturalmente multinazionale dell'industria culturale», e ammettono l'inadeguatezza a disciplinarla delle leggi emesse dagli Stati nazionali. La nozione di «industria culturale» era da poco entrata nei documenti emessi dal Consiglio d'Europa proprio sulla spinta degli esperti del ministero della cultura francese. Sotto questo titolo vengono redatte due relazioni: la prima sul conflitto a forze impari tra gli obiettivi di democratizzazione dei beni culturali perseguiti dai poteri pubblici e l'irresistibile affermarsi di un'altra forma di «democratizzazione» proveniente dal mercato per mezzo dei prodotti della cultura di massa; la seconda sui rischi che corre l'identità nazionale a seguito dell'abbattimento delle frontiere dello Stato-nazione.

Negli anni settanta non si stabilisce alcun rapporto tra gli allarmi lanciati dal sud del mondo e gli avvertimenti dei rappresentanti politico-culturali dell'Europa. Bisogna attendere la fioritura dei primi anni di presidenza socialista in Francia per vedere un governo europeo sostenere apertamente una politica che «garantisca ai paesi emergenti gli strumenti per dominare i propri mezzi di comunicazione e i messaggi che questi diffondono» (discorso del presidente François Mitterrand al vertice dei sette paesi piú industrializzati a Versailles nel giugno 1982) e lanciare «una vera crociata contro lo strapotere dell'imperialismo finanziario e intellettuale» (discorso del ministro della cultura Jack Lang alla conferenza mondiale dell'Unesco sulle politiche culturali tenuta a Città del Messico nel giugno 1982). Già nell'ottobre del 1981, durante il vertice nord-sud di Cancun (Messico), il presidente francese aveva affermato che «il libero mercato non consente altra crescita che quella delle società multinazionali, che creano nel Terzo mondo ondate di ricchezza in un oceano di miseria».

Alla fine degli anni settanta, una cosa appare però chiara: le risposte che le istituzioni internazionali sono in grado di dare ai nuovi problemi sono largamente insufficienti rispetto alle aspettative generali. Poche bozze di raccomandazione si trasformano in documento. Si veda il caso del codice di buona condotta per le imprese transnazionali elaborato dall'Onu. L'affermarsi delle politiche neoliberali, insofferenti di qualsiasi tipo di controllo e di regolamentazione dell'attività delle imprese transnazionali da parte dei poteri pubblici, si consolida definitivamente negli anni ottanta. La Commissione e il Centro incaricati di elaborare un progetto di regolamentazione si sciolgono. Quando le discussioni arrivano a decidere l'adozione di una normativa, come nel caso del regolamento delle campagne di promozione dei surrogati del latte materno, proposto dall'Organizzazione mondiale per la sanità e votato all'unanimità con la sola voce discordante degli Stati Uniti, sorge il problema della mancanza di un potere giuridico coercitivo. D'altro canto, le società transnazionali trovano un modo elegante per uscirne, definendo propri codici di autoregolamentazione.

3. La sfida telematica

I paesi del Terzo mondo che ne hanno la possibilità, e la volontà, si dotano dei mezzi per attuare una politica reale in materia di acquisizione di tecnologia. È il caso in particolare del Brasile e dell'India, che si impegnano espressamente per rendersi indipendenti dalle importazioni volendo dotarsi di una propria industria informatica e aerospaziale, ma anche degli armamenti. Mettendo limitazioni all'ingresso nel proprio mercato dei grandi produttori stranieri, questi paesi stipulano contratti con aziende disposte a cedere anche know-how, in modo da raggiungere progressivamente l'autosufficienza tecnologica.

Il problema del controllo nazionale sugli sviluppi delle nuove tecnologie dell'informazione e della comunicazione si pone anche alle autorità dei grandi paesi industrializzati. Per essere pronti a sostenere la sfida, i governi del Giappone, dell'Australia e del Canada incaricano i propri esperti di studiare la situazione. In Francia, il rapporto ufficiale sull'«informatizzazione della società», consegnato nel 1978 al presidente Giscard d'Estaing da Simon Nora e Alain Minc, e destinato ad avere risonanza internazionale, sostiene decisamente la necessità di una politica nazionale di indipendenza, tramite la riappropriazione delle reti telematiche (neologismo adottato per definire la convergenza tecnica). Tale indipendenza è, secondo Nora e Minc, minacciata dal monopolio dell'informazione acquisito dalle banche-dati di una sola grande potenza. «La concorrenza» avvertono «finirà per modellarsi, com'è naturale, sulla raccolta delle informazioni. Lasciare ad altri, cioè a banche-dati americane, il compito di organizzare questa memoria collettiva, accontentandosi di attingervi, equivale ad accettare un'alienazione culturale; la costituzione di banche-dati nazionali è dunque una necessaria affermazione di sovranità.» Lanciato questo avvertimento, i relatori si riconciliano con una concezione «salvifica» delle reti, garanti di una solida democrazia. «Il colloquio informatico e il suo linguaggio» scrivono «devono ricreare un'agorà informatica estesa alle dimensioni della nazione moderna.»

La Francia istituisce una commissione sui flussi transfrontalieri dei dati che sottolinea: «Il cuore del problema è la pianificazione territoriale a livello mondiale, e in particolar modo la localizzazione delle attività del terziario avanzato, cioè del cervello del pianeta». A sua volta, un rapporto sui «Rapporti culturali internazionali», commissionato a Jacques Rigaud, allora alto funzionario dello Stato, e in seguito responsabile della Rtl, disegna un quadro delle carenze nelle strategie private e pubbliche dell'industria culturale francese sul mercato internazionale, e chiama in causa una concezione storicistica della cultura e del servizio pubblico.

4. *In cammino verso la «società globale»?*

La valutazione degli esperti francesi circa l'assedio transnazionale non è necessariamente condivisa da tutti. Per molti non tocca la questione essenziale, poiché l'elemento tecnologico ha ribaltato i modi di considerare il mondo. Nel 1968, il canadese Marshall McLuhan e il suo collega Quentin Fiore, approfondendo le loro analisi sulla prima guerra mostrata in diretta dalla televisione, quella del Vietnam, già scommettevano a favore dell'immagine elettronica. La televisione, grazie al suo potere di risvegliare la sensibilità degli utenti, l'avvento del «villaggio globale», la comunità ricostruita attorno al piccolo schermo sono secondo loro fattori di forte riduzione del rischio di guerra, colmano il distacco fra militari e civili e contribuiscono a «far progredire rapidamente tutti i paesi non industrializzati, come la Cina, l'India e l'Africa». Contemporaneamente, il teorico del management Peter Drucker, meno portato all'utopia nel campo delle comunicazioni, vede nei nuovi sviluppi dell'integrazione dell'economia mondiale l'ingresso definitivo nell'era del *global shopping center* e della *global factory*, che egli descrive prendendo come esempio le reti di produzione dell'Ibm.

Da parte sua, l'americano di origine polacca Zbigniew Brzezinski, futuro animatore della Trilaterale e futuro consigliere del presidente Carter in materia di sicurezza nazionale, parla piuttosto di «città globale», poiché, secondo lui, l'individuo rischia di trovarsi immerso in un ambiente anonimo. Nel suo lavoro sulla «rivoluzione tecnotronica», apparso nel 1969, Brzezinski insiste sulla nuova «interdipendenza» conseguente alla «rivoluzione della comunicazione». Secondo lui «la diplomazia del cannone» cede il passo alla «diplomazia delle reti di comunicazione». La nozione di imperialismo è ormai inadatta a spiegare i rapporti che gli Stati Uniti intrattengono con le altre nazioni. Se le cose stanno cosí è perché la superpotenza americana è diventata, a differenza delle altre superpotenze, che tengono nascosti il disagio e la povertà, «la prima società globale della storia». Centro di diffusione della rivoluzione tecnotronica, gli Stati Uniti sono anche la società che comunica di piú; da lí partono circa il sessantacinque per cento delle comunicazioni mondiali. Questa onnipresenza ne fa naturalmente l'avanguardia di un «modello globale di modernità», il vettore di schemi di comportamento e di valori universali. Nel crogiolo di questa globalità, che trascende le «culture fortemente radicate», le «identità nazionali ben distinte» e le «religioni tradizionali solidamente fortificate», viene elaborata una «nuova coscienza planetaria».

Certo è che, alla fine degli anni settanta, lo Stato-nazione si trova preso tra due fuochi. Da un lato è messo sotto accusa perché troppo grande per i piccoli problemi dell'esistenza, dall'altro perché sta diventando troppo piccolo per i grandi problemi. È in questi termini che il sociologo americano Daniel Bell, famoso per i suoi studi sulla «società postindustriale», parla ai partecipanti alla conferenza su «Informazione e società», organizzata a Parigi nell'autunno del 1979 sulla scia del rapporto Nora-Minc. Per uscire dalla duplice impasse, le reti di informazione e comunicazione sembrano dunque essere una specie di panacea.

Capitolo VI

La globalizzazione: le reti dell'economia post-nazionale

Le logiche transfrontaliere entrano in conflitto con i fondamenti istituzionali dei sistemi di comunicazione degli Stati nazionali. Collegandoli sugli standard delle reti planetarie, il processo di *deregulation* mette le basi per una trasformazione radicale del modello economico-sociale. Per definire questa fase dell'integrazione mondiale avviata negli anni ottanta, è nato il termine globalizzazione. Derivato dall'inglese, come già la parola «internazionalizzazione» alla fine del secolo scorso, questo termine vuole identificare il processo di unificazione del mondo economico, e, per estensione, di tutto ciò che riguarda il pianeta.

I. Il capitalismo mondiale integrato

1. *L'avanguardia finanziaria internazionale*

La globalizzazione ha fatto le sue prime prove nell'ambito degli scambi finanziari. I confini dei sistemi nazionali sono saltati. Le piazze finanziarie, prima regolamentate e recintate, sono ormai integrate in un mercato globale estremamente fluido grazie alla diffusa interconnessione in tempo reale. Gli ambienti finanziari trasferiscono il loro dinamismo a un'economia dominata dai movimenti speculativi di capitali che circolano in un clima di permanente sovreccitazione. Con l'espandersi della «bolla speculativa», la sfera finanziaria si è distaccata dall'economia cosiddetta reale, e ha preso il sopravvento sulla produzione stessa e sugli investimenti industriali. Il piú insignificante passo falso ha ripercussioni su tutto il pianeta, lasciando intravedere la possibilità di crisi dovute all'assenza di meccanismi sovranazionali di disciplina. Primo settore dell'economia cibernetica ad aver realizzato la completa integrazione, la finanza globale, con i suoi spazi astratti e indipendenti dal territorio, mostra lo scardinamento generale dell'organizzazione economica dai limiti del territorio soggetto alla sovranità nazionale.

Le reti di informazione borsistiche e finanziarie, sistema logistico delle transazioni globali, si sono rinnovate e hanno tradotto in immagini l'universo dei flussi monetari. Nel 1983, il gruppo Dow Jones ha lanciato negli Stati Uniti il Wall Street Journal Television per il continente americano e, un anno dopo, da Singapore, l'Asia Business News. Nel 1995, il gruppo americano avviava servizi di questo tipo in Europa. La sua concorrente, l'agenzia Reuter, che aveva a sua volta afferrato l'importanza del piccolo schermo acquisendo Visnews, ha coronato la sua secolare attività. Quotata in Borsa fin dal 1984, la Reuters Holding Plc., dieci anni dopo, realizza il novantatré per cento del suo fatturato nel settore della diffusione di notizie economiche (mercato dei cambi, mercati a termine e mercati azionari). L'agenzia di stampa è cosí diventata il principale fornitore dei mercati elettronici. Quale migliore rappresentazione del *perpetuum mobile* dei flussi mediatici su scala planetaria può esistere, se non la loro coesistenza entro la stessa impresa con i flussi volatili del denaro virtuale?

2. *Una filosofia dell'impresa*

La globalizzazione è, prima di tutto, un modello di gestione dell'impresa che, di fronte alla crescente complessità del panorama concorrenziale, crea e sviluppa competenze a livello planetario al fine di massimizzare i profitti e consolidare le proprie quote di mercato. La globalizzazione, in qualche modo, è la chiave di lettura del mondo adottata dagli specialisti del management e del marketing. La parola d'ordine di questa logica imprenditoriale è: integrazione. Questo termine rappresenta una visione cibernetica dell'organizzazione funzionale delle grandi entità economiche. In inglese, il termine *global* è sinonimo di *holistic*; a differenza della parola «mondializzazione» e delle sue traduzioni nelle lingue romanze, che si riferiscono quasi esclusivamente alla dimensione geografica del processo, rimanda espressamente a un concetto di universalità, cioè di unità complessiva o sistemica. L'azienda globale è una struttura organica nella quale ogni parte è al servizio del complesso. Ogni difetto di «interoperatività» fra le parti, ogni intoppo al libero scambio dei flussi comporta il rischio di blocco del sistema. Deve quindi essere assicurata in ogni momento la piena libertà di comunicazione.

L'integrazione riguarda i momenti dell'ideazione, della produzione e della commercializzazione. Ne sono caratteristiche peculiari il coinvolgimento del personale, che diventa manager e *marketer*, e l'innalzamento del consumatore al ruolo di «co-produttore». Ma c'è anche, e soprattutto, l'integrazione verticale, che comporta un modo nuovo di porsi in relazione con lo spazio-mondo. I circuiti di informazione e di produzione sui quali si basa l'organizzazione della circolazione interna ed esterna dell'impresa globale ne fanno un'impresa-rete, o impresa-maglia. Nell'impresa di tipo fordista, alla distribuzione gerarchica dei compiti e dei poteri si accompagnava una strutturazione orizzontale degli spazi geografici; l'ambito locale, quello nazionale e quello internazionale si presentavano come livelli separati, compartimentati, non intercomunicanti. La nuova concezione dell'impresa e del mondo in cui essa opera (in quanto rete) presuppone un'interazione fra i tre livelli. Ogni impostazione strategica dell'impresa-maglia deve essere contemporaneamente globale e locale. Gli studiosi giapponesi di teoria del management hanno coniato, per dare un nome a questa permanente interfaccia, il neologismo *glocalize*, contrazione di *global* e *local*. La ricerca della duplice integrazione, all'interno e all'esterno, rende indispensabile il ricorso alle tecniche di gestione virtuale, chiamate «cultura di impresa» o «marketing».

3. *Standardizzazione/segmentazione*

A meno di realizzare l'ipotesi limite avanzata nel 1983 da Theodor Levitt, direttore della *Business Harvard Review*, di una standardizzazione universale, e del suo corollario, l'omogeneizzazione dei bisogni a livello mondiale, la globalizzazione dei mercati, dei sistemi produttivi e degli apparati tecnici si deve accompagnare alla segmentazione. Sono i due termini di un rapporto dialettico. La massificazione si alterna con la demassificazione, ma questa contribuisce a far arretrare gradualmente i vincoli alla prima, a superare le resistenze alla standardizzazione universale. Anche le imprese considerate etnocentriche applicano questa «ricetta»: una posizione di marketing mondiale che lascia un margine di autonomia alle filiali.

L'approccio unico al livello strategico coesiste con le applicazioni tattiche di un'autonomia in grado di assecondare le pieghe e le sfaccettature dei luoghi e degli ambienti particolari. Da un canto, l'adattabilità dei macchinari alle richieste particolari consentita dalle tecnologie flessibili permette la produzione di piccole serie di manufatti, e di conseguenza una loro differenziazione, in modo da poter seguire il ciclo sempre piú ristretto della domanda. Dall'altro, i «freni culturali» all'attività dell'azienda vengono presi in considerazione dai dirigenti che, pur nella tendenza complessiva alla globalizzazione, non dimenticano l'opportunità di curare l'inserimento nell'ambito nazionale e locale. Gli specialisti della comunicazione interculturale applicata alla direzione d'azienda hanno introdotto nelle loro classificazioni il concetto di «meticciato» per definire la necessità di evitare lo scontro frontale delle diverse culture all'interno dell'impresa globale. Infine, il marketing e la pubblicità suddividono i mercati e i destinatari dei loro messaggi modulando i propri interventi per meglio sfruttare ogni possibilità di penetrazione dei prodotti e dei servizi. La maggiore attenzione riservata all'ottimizzazione degli investimenti pubblicitari comporta una ricerca sempre piú sofisticata sui messaggi. Una dimostrazione di questo si può avere prendendo in considerazione le nuove tecnologie di manipolazione delle immagini «virtuali»: grazie a particolari programmi, si possono facilmente sostituire i cartelloni pubblicitari piazzati sul luogo di un avvenimento sportivo con altri visibili solo dai telespettatori di un paese o di una regione. Ben prima che siano elaborate regole deontologiche, l'industria pubblicitaria si presenta come campo sperimentale di nuove tecniche. La segmentazione del parco dei consumatori progredisce di pari passo col perfezionamento delle banche dati e delle altre tecniche informatizzate per costruire una «cartografia» socio-economica dei destinatari dei messaggi.

4. *Il nuovo statuto della funzione «comunicazione»*

Nella transizione verso un modello di manager «globale», la moltiplicazione dei rischi ha promosso la funzione «comunicazione» al ruolo di strumento per la gestione strategica. L'esigenza di massima visibilità costringe l'impresa a diventare protagonista politico, direttamente coinvolto nella gestione della cosa pubblica. La gestione virtuale dei vari settori pubblici da parte dell'impresa è diventata professionale, e i compiti della comunicazione si sono differenziati. Quelle che erano le «pubbliche relazioni» si sono estese fino a essere identificate come «affari pubblici», definizione adottata già alla fine degli anni settanta dalle grandi società americane del settore, in un periodo in cui erano sottoposte ad attacchi da ogni parte, per sottolineare l'ingresso dell'impresa nel campo politico-strategico.

Ristrutturazioni, fusioni, licenziamenti massicci o «reclutamenti» (eufemismo coniato proprio dalle agenzie di comunicazione specializzate in materia), conflitti sociali, catastrofi ecologiche (travaso di sostanze tossiche in un fiume, naufragio di una superpetroliera, incidente in una centrale nucleare, esplosione di prodotti chimici), minacce terroristiche, tutte fonti di tensioni che esigono una risposta immediata, che la comunicazione cosiddetta «di crisi» tenta di arginare proponendo tecniche preventive di vigilanza e di monitoraggio sociale, e anche strumenti di dialogo e di trattativa con le maestranze, gli azionisti, i clienti, il pubblico, i parlamenti e i governi. Tutte queste situazioni limite, tecnicamente definite «rischi tecnologici principali», hanno costretto l'impresa a prepararsi per la gestione delle crisi. La crisi non è piú il momento delicatissimo nel quale l'impresa deve impiantare d'urgenza la sua «unità di crisi» e mobilitarsi per controbattere l'evento turbativo delle sue relazioni interne (*intra muros*) ed esterne (*extra muros*). Ormai la crisi è diventata permanente, connaturata, e ispira le modalità ordinarie di organizzazione dell'impresa e i suoi dispositivi di comunicazione in tempi «normali».

Il modello manageriale di comunicazione e di formazione della *corporate image* si è imposto nell'intera società come l'unico modo di comunicare. La comunicazione cosí concepita è ormai considerata un'ottima tecnologia di gestione sociale. Per convincersi di questo basta osservare come il modello di comunicazione manageriale è entrato nelle istituzioni statali, nelle collettività territoriali e nelle associazioni umanitarie, che hanno ricostruito i loro rapporti con i cittadini o con la società civile ricorrendo all'esperienza e alla fantasia del marketing.

5. *L'intelligence economica*

Il quadro instabile e imprevedibile della globalizzazione degli scambi ha trasformato il ruolo dell'informazione economica e della vigilanza tecnologica nella preparazione della strategia delle aziende e dei soggetti pubblici e parapubblici. La missione della *competitive intelligence* è quella di contribuire a individuare le minacce della concorrenza esterna. Esiste un indizio della crescente importanza delle operazioni di raccolta e di vaglio sistematici di ogni dato utile per interpretare i comportamenti dei soggetti privati e pubblici: il nuovo orientamento dato agli organi di informazione dei governi dopo la caduta del muro di Berlino. I manuali di *intelligence* economica lo definiscono come l'insieme degli atti coordinati per la ricerca, il trattamento, la trasmissione e la protezione delle informazioni utili agli operatori economici ottenute in modi legali. Tuttavia non si può negare che è con mezzi clandestini che si ottengono i piú preziosi elementi utili per interpretare la massa di «informazioni aperte» proveniente da colloqui, conferenze, pubblicazioni, banche dati e via dicendo. Lo dimostrano i frequenti tentativi di corruzione, compiuti dalla Cia, di alti funzionari durante i negoziati per il Gatt (accordo generale su tariffe doganali e commercio), tentativi volti a scoprire la strategia francese in materia di telecomunicazioni e sistemi audiovisivi.

Nel nuovo codice penale francese, in vigore dal 1994, si esprime il concetto che, in un contesto di concorrenza internazionale esacerbata, «il rischio di aggressione è oggi maggiore in campo economico che in quello militare». D'ora in poi, gli «attentati agli interessi fondamentali della nazione» comprendono «i componenti essenziali del potenziale scientifico ed economico». Di qui, la consegna di riservatezza data l'anno successivo dal ministero dell'Insegnamento superiore e della ricerca in una guida, intitolata *Protezione della creazione scientifica e tecnica e vulnerabilità dell'informazione*, fornita ai ricercatori con lo scopo di evitare le «appropriazioni illecite di informazioni su materie delicate».

6. *La legittimità della valutazione*

La posizione predominante acquisita dalle aziende cambia l'importanza relativa nel rapporto fra la ricerca mirata a scopi concreti, sia produttivi sia amministrativi, e quella che sa prendere le distanze dall'immediato risultato pratico senza peraltro isolarsi nella torre d'avorio. Ma anche nell'attenzione ai vivai dell'intelligenza e della genialità, rimasta finora ai margini della valorizzazione capitalistica, si gioca la sorte dell'integrazione. La mobilitazione delle risorse a favore della competitività porta rapidamente ambienti tradizionali di produzione e di diffusione della scienza, come l'università, incontro alle esigenze degli attori economici. *A fortiori* ciò accade nelle situazioni in cui la classe intellettuale si è storicamente strutturata intorno alla critica delle istituzioni sociali. Forze che ancora ieri sembravano inconciliabili si uniscono, cercando di arruolare la geografia, la storia, l'etnologia, la psicoanalisi, la sociologia e la linguistica al servizio dell'ottimizzazione dei risultati delle imprese. Il problema non è tanto il riavvicinamento, quanto i termini dello scambio. Il rischio di questa impostazione contrattualistica della ricerca nelle scienze umane è quello di legittimare il ritorno in forze delle molteplici forme dell'empirismo. Mentre la classe di coloro che prendono le decisioni, la *World Business Class*, pensa in termini di globalità, gli «intellettuali integrati», secondo la definizione coniata da Umberto Eco negli anni sessanta, che li contrapponeva agli «intellettuali apocalittici», cioè critici, sono inchiodati su osservazioni funzionali alle richieste dei committenti, ma estremamente frammentarie e slegate dal contesto per quanto riguarda i rapporti con l'evoluzione del modello economico-sociale. Supportata da una estesa rete transnazionale di insegnamento (pubblico e privato) di scienza della gestione, di diffusissime pubblicazioni sul *re-engineering* del management o sulla società del terziario avanzato, di *workshop*, di *lobbying* e di associazioni di categoria, la *Global Business Community* si struttura come moderna élite mondiale e persegue senza posa l'opera di far accettare a tutti nuovi concetti che servono a ognuno per definire il mondo.

II. Alla ricerca del mercato unico delle immagini

1. *Gruppi e reti di comunicazione*

Uno degli scopi della ricerca di una cultura globale è la creazione di un mercato unico delle immagini. Appena si annuncia la formazione dei grandi blocchi commerciali, i gruppi che si occupano di comunicazione e le reti planetarie (quale la Cnn) o regionali (panamericane, panarabe, panasiatiche o paneuropee) aprono la caccia agli «universi culturali». Grazie all'integrazione dei mezzi operativi di comunicazione, la terza generazione delle reti di agenzie pubblicitarie, cosiddette globali, li segue di pari passo, rispondendo ai movimenti di interconnessione dei mercati. Uno degli assiomi della ricerca di un denominatore comune mondiale è la «convergenza culturale dei consumatori», conseguenza di investimenti affinati nel tempo attraverso la cultura di massa per indirizzare le aspirazioni di consumatori appartenenti a culture diverse. Considerandosi parametri naturali di universalità, le industrie culturali degli Stati Uniti si presentano sempre prepotentemente come interpreti dei caratteri della globalità.

La costituzione di questi gruppi e di queste reti globali di comunicazione ha richiesto una radicale deregolamentazione dei sistemi nazionali, sia di quelli facenti capo al servizio pubblico, sia di quelli gestiti da privati. I grandi gruppi e le grandi reti restano essenzialmente ancorati alle grandi nazioni industriali, ma anche altri protagonisti si presentano sul mercato degli audiovisivi. I due esempi classici sono il gruppo brasiliano Globo, che fa onore al proprio nome, e il gruppo messicano Televisa, le cui telenovelas hanno ampiamente oltrepassato i confini del continente originario. Del resto, un po' dappertutto nel mondo si sono costituiti in questo campo mercati emergenti e mercati secondari. Ma il fatto di gran lunga piú importante è senza dubbio l'ingresso negli spazi coperti dai ripetitori satellitari delle grandi aree urbane, propiziato dai gruppi globali, della Cina e dell'India. A una prima ondata di concentrazioni attraverso acquisizioni verificatasi negli anni ottanta, ne è seguita un'altra, spinta dalle prospettive di digitalizzazione dei canali dell'informazione. Ogni prodotto riversato in linguaggio digitale può essere trasmesso con qualsiasi mezzo; perciò negli Stati Uniti si è verificata una convergenza di interessi tra operatori su cavo, studi cinematografici, compagnie telefoniche e gruppi di comunicazione. Dopo la prima tappa di deregolamentazione dei sistemi audiovisivi, che a partire dal 1982 ha agevolato la concentrazione delle reti e delle stazioni emittenti, il congresso americano ha dato un nuovo impulso al processo con la soppressione delle barriere tra industrie di trasmissione via cavo e società telefoniche, e tra produttori di programmi (cinema e televisione) e distributori. Infatti, prima i *networks* non erano autorizzati a produrre i programmi di fiction e di varietà che diffondevano. L'esigenza di raggruppare il piú possibile i produttori per costituire una dotazione alle centinaia di emittenti promesse a ogni paese ha catalizzato l'avvicinamento tra gli studios e i networks (Disney-Abc) e le megafusioni tra gruppi di comunicazione (Time-Warner-Turner). Tuttavia, la ricerca di sinergie industriali non assicura in ogni caso risultati positivi, e la corsa alle fusioni-acquisizioni è costellata di infortuni strategici. Esempio tipico, il fallimento della fusione tra Matsushita e Universal, nella quale il pubblico statunitense, in un sussulto di nippofobia, aveva visto uno scippo dell'«anima americana».

Sono rivelatori del moto di integrazione in corso i neologismi che appaiono nel linguaggio tecnico: *advertorials* (contrazione di *advertising* ed *editorials*), *infomercials (information* e *commercials), infotainment* (*information* e *entertainment*), *edutainment* e cosí via. Un'ibridazione di termini che corrisponde all'ibridazione delle tecnologie dell'informazione e della comunicazione attraverso l'informatica.

2. *Dalla televisione senza frontiere ai particolarismi culturali*

Mentre la maggior parte dei paesi non allineati ha abbandonato il terreno della contestazione e si è uniformata alla logica neoliberista, nell'Unione europea questo tipo di regolazione dei flussi dei prodotti culturali ha provocato risposte istituzionali. Questa reazione decisa è stata provocata da una semplice constatazione: il deficit commerciale dell'Europa audiovisiva, divenuta il cliente piú importante e solvibile dell'industria del cinema, della televisione e degli audiovisivi statunitensi. Anno dopo anno, grazie alla *deregulation* del sistema, il deficit europeo si è ampliato. Secondo un rapporto annuale dell'Osservatorio europeo degli audiovisivi, i programmi di fiction (serial, telefilm, film) importati nel 1994-1995 da ottantotto televisioni dell'Unione europea provenivano per il sessantanove per cento circa dagli Usa. Dal punto di vista dello sfruttamento dei film nelle sale, i mercati esteri sono diventati sempre piú essenziali per le *majors*, che intascano in media piú del settanta per cento degli introiti cinematografici europei. Anche la Francia, unico paese ad avere difeso una quota sostanziale del proprio mercato cinematografico, deve tuttavia fronteggiare la crescita della presenza nelle sale di film americani, che è passata, tra il 1979 e il 1993, dal trentuno al cinquantasette per cento.

Il primo caposaldo di una strategia comune viene posto nel 1989. I dodici approvano il testo definitivo di una direttiva sulla televisione senza frontiere in elaborazione da cinque anni. L'articolo 4 della direttiva invita i paesi membri a riservare alle produzioni europee (fiction e documentari) la maggior parte del tempo d'antenna «ogni volta che ciò sia possibile». Quattro anni dopo, segue un complesso di misure volte a costituire, nel tempo, la struttura di un'industria audiovisiva europea (il cosiddetto Piano media).

Nel 1993, in occasione del negoziato per il Gatt, il dibattito comunitario diventa mondiale. In questo organismo la comunicazione viene classificata come «servizio», e su di essa si affrontano direttamente Unione europea e Stati Uniti. La posizione della cosiddetta «eccezione culturale», sostenuta dal governo francese, si oppone all'estensione delle regole liberistiche del commercio internazionale alle produzioni audiovisive (come accade per la salute pubblica, l'ambiente e la sicurezza interna degli Stati). La profondità dell'impegno francese in questo campo è motivata da diverse ragioni: la lunga difesa del cinema nazionale, radicata in una certa concezione della cultura, dell'«autore» e del ruolo dei poteri pubblici in materia; la consapevolezza della complessità di un settore che produce da cento a centoventi lungometraggi all'anno coinvolgendo circa settantamila posti di lavoro; infine, il timore di veder diminuire ancora la presenza e la forza del sistema di irraggiamento della cultura francese in Europa e nel mondo. Tuttavia, se i professionisti del settore, e particolarmente le associazioni degli autori, dei registi e dei produttori, sono scesi in prima linea contro il progetto americano, si è notata la mancanza di prese di posizione dei gruppi di comunicazione francesi di levatura continentale o mondiale, di fatto contrari a politiche basate sulle quote. Esisteva però un precedente sull'argomento dell'eccezione culturale: in occasione della discussione sull'accordo di libero scambio Usa-Canada, Washington aveva dovuto riconoscere al governo di Ottawa il diritto di proteggere l'identità culturale canadese. L'articolo 2005 del trattato, noto con il nome di clausola di «esenzione culturale», riguardava il cinema, la radiodiffusione, le registrazioni sonore e l'editoria.

L'applicazione delle regole del libero scambio proposte dal Gatt comportava l'eliminazione dei dispositivi adottati dall'Europa, e da ogni paese europeo in particolare, per proteggere uno spazio audiovisivo proprio. Ciò significava che gli stanziamenti per sostenere il cinema, sia nazionale sia europeo, e le quote riservate alla programmazione televisiva di fiction di produzione europea o nazionale sarebbero dovuti sparire in nome della libera concorrenza in un libero mercato.

Il braccio di ferro nell'elaborazione del Gatt si è concluso nel dicembre 1993 con il riconoscimento del principio dell'eccezione culturale. Salutato come una vittoria, il risultato non era in realtà che un modo per rinviare la soluzione del problema. Hollywood, il Congresso e la Casa Bianca hanno adottato una linea di condotta pragmatica, intensificando l'azione di *lobbying* dentro l'Organizzazione mondiale per il commercio (Omc), succeduta al Gatt, e presso i governi nazionali, evitando nel contempo le discussioni teoriche sui princípi. Il loro intento è quello di puntare sulle tecniche di compressione digitale, che consentiranno di moltiplicare le capacità di ritrasmissione dei satelliti superando i confini nazionali.

Durante i negoziati sulla eccezione culturale, la posizione del governo francese era lungi dall'essere condivisa da tutti i partner dell'Unione europea. La maggior parte di questi era favorevole a una soluzione di basso profilo, nella convinzione che le misure di contingentamento non potevano essere, a medio termine, che una barriera illusoria. Questa posizione è stata riconfermata nel novembre 1995 dal voto a favore dello statu quo espresso nel corso delle discussioni sul rinnovo della direttiva sulla televisione senza frontiere. Tre mesi piú tardi, però, il parlamento europeo si esprimeva diversamente, deliberando un rafforzamento del regime delle quote.

3. Le autostrade dell'informazione

Il problema della dipendenza dell'industria dall'immagine si è presto riunito con quello delle nuove reti di informazione e dei servizi multimediali. Mettendo in primo piano l'immagine, non piú confinata nel settore del divertimento, le reti digitali la pongono al centro della riorganizzazione della produzione e della distribuzione dell'informazione nella società. Il grande laboratorio delle infrastrutture telematiche introduce, anch'esso, il principio di sovranità culturale, poiché il problema è, né piú né meno, quello di sviluppare un'industria abbastanza forte da impedire che le nuove reti e i nuovi servizi utilizzino esclusivamente i sistemi logici creati dai giganti del software, riproducendo la situazione deficitaria dell'industria culturale. Su questo campo si gioca un'altra partita del contenzioso tra Europa e Stati Uniti.

Nel febbraio del 1993, il governo del presidente Clinton annuncia l'avvio del piano Gore (dal nome del vicepresidente Albert Gore) riguardante la costruzione delle *superhighways* dell'informazione. Alla fine dello stesso anno, il *Libro bianco* preparato da Jacques Delors, in quel momento presidente dell'Unione europea, dà l'avvio al progetto europeo delle autostrade informatiche. Crescita, competitività, occupazione, sono i punti forti di questo programma, che auspica una mobilitazione del sistema industriale europeo. Nel maggio del 1994, un gruppo di venti grandi industriali, presieduto da Martin Bangemann, pubblica un rapporto, intitolato *L'Europa e la società dell'informazione planetaria*, in cui si definisce il volano strategico e finanziario del progetto.

In previsione dell'apertura di nuovi scenari tecnologici a seguito della riduzione dei canali di diffusione, il *Libro bianco* è stato seguito da un *Libro verde* sulle «scelte strategiche per il rafforzamento dell'industria dei programmi nel contesto della politica in materia di audiovisivi dell'Unione europea». Suo scopo era predisporre un quadro di regole e un'istituzione finanziaria autorevole per tenere sotto controllo il frazionamento dei mercati e delle imprese dell'audiovisivo europeo, e in questo modo utilizzare meglio le «potenzialità della rivoluzione digitale», in attesa di trasformare il mercato europeo nella «posta in gioco più importante di ogni concorrenza sul mercato mondiale». Si voleva cosí far diventare una opportunità per l'Europa quello che era considerato fino ad allora un handicap, cioè le diversità culturali fra i membri dell'Unione. In prospettiva, strettamente legata alle preoccupazioni espresse nel *Libro bianco*, c'era la promessa di creare, nello spazio di cinque anni, da due a quattro milioni di posti di lavoro in un'Europa che, alla data del rapporto, contava diciotto milioni di disoccupati. Se il numero che questo documento fa balenare è, a detta di molti economisti, troppo ottimistico, tuttavia una cosa è certa: lo spettro della crisi economica pone ormai al centro delle discussioni sulla difesa delle identità il problema del lavoro.

Nel febbraio del 1995, il G7, il gruppo dei sette paesi piú industrializzati, si è riunito a Bruxelles per un vertice sulle nuove tecnologie dell'informazione e della comunicazione. Gli Stati Uniti erano rappresentati dal loro vicepresidente. Radunati per la prima volta per una discussione su questa materia, quarantacinque responsabili di società americane, europee e giapponesi hanno sottolineato l'inderogabile necessità di anticipare la deregolamentazione dei servizi di telecomunicazione e la soppressione dei monopoli pubblici, al fine di accelerare il dispiegamento delle future arterie elettroniche. Le deliberazioni del G7 e le raccomandazioni del rapporto Bangemann concordano sull'idea che l'iniziativa privata deve essere il «motore della società dell'informazione». La soppressione di «ogni pastoia alla libera concorrenza» determina quindi in tempi brevi la liberalizzazione delle reti telefoniche di base.

4. *La «libertà d'espressione commerciale»*

Dall'Unione europea al Gatt, dall'Omc al G7. Il nuovo inquadramento globale della filosofia manageriale ha spostato il centro di gravità dei negoziati internazionali sul flusso dei dati virtuali. Questo spostamento ne implica un altro: la revisione della definizione stessa di libertà d'espressione. La libertà d'espressione dei cittadini è messa in diretta concorrenza con la «libertà d'espressione commerciale», presentata come un nuovo «diritto umano». Si è di fronte a una costante tensione fra la «sovranità assoluta del consumatore» e la volontà dei cittadini garantita dalle istanze democratiche. Attorno a questa rivendicazione della libertà di espressione commerciale si sono strutturate, tra l'altro, le azioni di *lobbying* delle organizzazioni professionali (annunciatori, agenti pubblicitari e annessi) fin dalle prime scaramucce sulla «televisione senza frontiere». Questa rivendicazione, diventata un leitmotiv col crescere dei dibattiti, cerca di respingere le limitazioni imposte dalla società civile all'«asservimento del servizio pubblico a fini pubblicitari», come direbbe il filosofo tedesco Jürgen Habermas.

L'idea centrale è quella di dare sfogo alla libera concorrenza in un mercato libero tra individui liberi di scegliere. Il concetto è piú o meno questo: «Lasciate che la gente veda quel che vuole vedere. Lasciateli liberi di giudicare. Fidatevi del loro buon senso. Il solo giudizio valido sul prodotto culturale è il suo successo, o il suo insuccesso sul mercato». Di qui a legittimare la subordinazione di certi popoli e di certe culture, cioè quello che fino agli ultimi anni settanta si definiva «imperialismo culturale», non c'è che un passo, tanto prima compiuto quanto piú queste idee si alleano con un'altra. La «libertà d'espressione commerciale», nuova idea guida del mondo, è effettivamente tutt'uno con il vecchio principio del *free flow of information*. In piú, rimettendo in circolo questo principio, la teoria della globalizzazione rafforza, in nome della fluidità dell'era informatica, la dottrina anglosassone (fondata su criteri strettamente economici) sul copyright, che assegna ogni diritto al solo produttore, e continua piú che mai a ignorare il fondamento sacrosanto del diritto morale dell'autore.

5. Dalla democrazia alla global democratic marketplace

Mascherando la vera posta in gioco nelle lotte per il controllo dell'architettura e dei contenuti delle reti della conoscenza, i discorsi messianici sulle virtú della democrazia sono ripresi dalla geopolitica. L'ideatore delle *superhighways* dell'informazione, Albert Gore, rinnova gli accenti dei profeti che lo hanno preceduto a partire dalla fine del XVIII secolo per proporre alla «grande famiglia umana» il suo progetto mondiale di «rete delle reti», la *Global Information Infrastructure* (Gii). Nel suo intervento del marzo 1994 davanti ai delegati dell'Unione internazionale delle telecomunicazioni, riuniti in conferenza plenaria a Buenos Aires, il vicepresidente americano dichiarava: «L'obiettivo è quello di assicurare un servizio universale, accessibile a tutti i membri della nostra società, e di rendere possibile una specie di conversazione globale, nella quale ciascuno può dire la sua... La *Global Information Infrastructure* non sarà soltanto una metafora della democrazia funzionante: incoraggerà nella realtà il funzionamento della democrazia portando i cittadini a partecipare ai livelli decisionali. Favorirà la cooperazione tra le nazioni. Nell'era creata dalla Gii vedo affermarsi una nuova era ateniese della democrazia». Secondo Gore le reti gestite dagli imprenditori privati, strumento di sviluppo e di solidarietà, dovrebbero aiutare a dissolvere i grandi squilibri sociali ed economici che affliggono il pianeta.

Il cerchio si chiude. Da poco piú di due secoli, con la nascita delle reti stradali, il concetto di comunicazione è diventato moderno. L'avvento dell'era postmoderna delle reti virtuali e dei flussi senza regole si compie sotto la metafora della rete autostradale, richiamando alla memoria collettiva i grandi lavori pubblici che hanno rilanciato l'economia degli Stati Uniti negli anni cinquanta.

III. La guerra globale

Negli anni ottanta, la concorrenza economica ha portato una fioritura di metafore guerresche. Diversi trattati di management globale si sono esplicitamente ispirati alle opere di Sun Tse e di Karl von Clausewitz per affrontare le «guerre economiche». Pur ridimensionando questi discorsi mercantili, lo scontro degli eserciti nella guerra del Golfo (1990-1991) ha riproposto come sempre attuali le logiche militari in uno scenario che nel decennio precedente era stato pensato in termini esclusivamente economici. Ciò che è accaduto in quella situazione di crisi ha tolto il velo su certe zone d'ombra dei sistemi di informazione normalmente trascurate in tempo di pace, anche con l'aiuto dell'ideologia della trasparenza, vanto della nuova «società della comunicazione». In effetti, guerra di comunicazione, la guerra del Golfo lo è stata a doppio titolo. In primo luogo per le strategie di informazione e di censura del Pentagono (formazione di gruppi di giornalisti accuratamente selezionati che uscivano accompagnati da un ufficiale, chiamato *Public Affairs Officer*, che sceglieva e preparava le truppe da intervistare, controllava i nastri delle riprese e le fotografie, e rivedeva i reportage scritti, eliminando senza esitare ogni informazione giudicata «delicata» e modificando il testo). La guerra del Golfo, e piú specificatamente l'operazione *Desert Storm*, scatenata il 17 gennaio 1991, rappresenta in qualche modo la rivincita degli stati maggiori. Gli esperti di guerra psicologica hanno imparato la lezione della guerra del Vietnam. Nel 1982, durante la guerra delle Falkland (o Malvine), le forze armate britanniche avevano fatto lo stesso, mettendo l'embargo sull'informazione. Nel 1983, al tempo dell'invasione di Grenada da parte dei *marines*, il Pentagono aveva a sua volta isolato il teatro delle operazioni.

La guerra del Golfo è stata anche la guerra delle tecnologie dell'informazione e della comunicazione, la guerra delle «armi intelligenti». Sul campo, dietro le «operazioni chirurgiche», si scoprirono i missili pilotati dai computer di bordo, i satelliti per l'identificazione, i sistemi di comando interconnessi in tutti i mezzi di combattimento e perfino nelle singole armi, e le reti neurali. Inoltre, attraverso la logistica degli approvvigionamenti, la guerra del Golfo è il primo conflitto di una certa importanza a essere gestito per «flussi tesi», secondo i metodi studiati dai costruttori automobilistici giapponesi. Nel sistema dei «flussi tesi», il fabbricante non produce per il magazzino, e non mette a magazzino ciò che sa di non smaltire immediatamente: produce per quanto possibile solo su ordinazione. L'informatica consente di trasmettere in tempo reale l'ordine dal distributore alla fabbrica, come di farlo ricadere direttamente a monte all'eventuale sub-fornitore.

La guerra cambia natura. Diventa una «guerra globale», per usare l'espressione di Paul Virilio, non solo e non tanto per la portata e il raggio d'azione degli ordigni, ma soprattutto per il transfert di responsabilità al momento della programmazione industriale ed economica: *Shoot and Forget* (spara e dimentica).

Sistemi di questo tipo ricordano tra l'altro come ben prima che la semantica globalizzante avesse successo nell'ambito della geofinanza, questa si fosse affermata presso gli stati maggiori. Il comunismo era il nemico totale, e le tecnologie di sorveglianza di questo nemico erano state battezzate «globali». Come il sistema di rilevamento di un punto a mezzo di satelliti Gps (*Global Positioning System*), già in funzione negli anni settanta. Per metterlo in funzione è stata creata una costellazione di ventiquattro satelliti che assicurano la visibilità permanente di qualsiasi punto del globo, e una tecnologia digitale di cui dotare il soldato del futuro. Grazie al suo dispositivo Gps, questo sa in ogni momento dove si trova. Su una mappa proiettata sulla visiera del suo casco si materializza la sua posizione e quella dei suoi camerati. Anche il quartier generale sa tutto sulle loro posizioni e su ciò che essi vedono, poiché essi stessi emettono segnali radio Iff (*Identifying Friend or Foe*). Nel combattimento, tutti i comandi del suo armamento sono radunati sul suo schermo. Un telemetro gli dà la distanza del suo bersaglio. Dei sensori biologici trasmettono ai suoi comandanti, in tempo reale, anche le sue condizioni fisiche. Solo negli anni novanta, cioè vent'anni dopo le loro applicazioni militari, i sistemi di rilevazione digitale della posizione troveranno un impiego civile, con lo *Standard Positioning System,* con il quale si possono trovare escursionisti smarriti, senza tuttavia raggiungere la precisione del Gps.

Capitolo VII
La frattura: per una critica del globalismo

«Dare un brutto nome alle cose è aggiungere qualcosa alle disgrazie del mondo», diceva Albert Camus. Globalizzazione è uno di quei termini trappola che fa parte delle nozioni strumentali che, per effetto di logiche mercantili, e all'insaputa degli utilizzatori, si sono affermati al punto da diventare indispensabili per intendersi fra persone provenienti da culture molto diverse. Questo linguaggio funzionale costituisce un armamentario ideologico che nasconde il reale «disordine» dell'apparente nuovo ordine mondiale. È ora quindi di distinguere ciò che appartiene alla mitologia globalista e ciò che invece tocca la realtà concreta durante questo momento dell'integrazione internazionale. In contrasto con la visione «economicista» del mondo unificato dal libero scambio, si manifesta la frattura tra sistemi sociali con caratteri peculiari e un ambiente economico unificato, tra singole identità culturali e forze centripete della «cultura globale».

I. Una nuova carta delle disuguaglianze

1. La «comunicazione-mondo»: i flussi globali

L'integrazione delle economie e dei sistemi di comunicazione introduce nuove disuguaglianze tra paesi o regioni, e entro i gruppi sociali. Il concetto di «comunicazione-mondo» vuole rendere conto di queste logiche di esclusione. Al contrario di quel che vorrebbe far credere la rappresentazione «ugualitarista» e globalista del pianeta, tale concetto permette di analizzare la mondializzazione in atto senza mitizzarla, cioè nella sua concretezza storica, riconnettendosi con la storia degli scambi mondiali ai loro differenti livelli. Derivato dall'idea di economia-mondo elaborata da Fernand Braudel, sottolinea che le reti, intrecciate come sono nella divisione internazionale del lavoro, danno un ordine gerarchico allo spazio e conducono a una polarizzazione sempre piú intensa fra il/i centro/i e la/le periferia/e.

Tre novità principali influiscono sulla ridistribuzione delle faglie dello spazio mondiale: l'irruzione sulla scena dei nuovi paesi industrializzati, in particolare modo delle «tigri asiatiche» (Corea, Honk Kong, Singapore e Taiwan) e dei loro emuli del Sud-est asiatico; l'aggregazione di grandi aree di libero scambio attorno a ciascuno dei poli della «triade» (America del nord, Asia orientale e Unione europea); la scomparsa del Terzo mondo come protagonista della storia. Tuttavia, se la linea di divisione tra nord e sud non è piú sufficiente per interpretare il senso dello spazio mondiale, le disuguaglianze strutturali denunciate nei decenni passati non possono considerarsi svanite. Ciò che ha reso superata la rappresentazione manichea del mondo è il fatto che il nord ha scoperto al proprio interno dei sud, e che fra i paesi del sud sono emersi dei nord che a loro volta inglobano dei profondi sud.

Dappertutto nuove forme di concorrenza contrappongono fra loro i territori, e introducono modi diversi di sfruttarne le potenzialità. Nell'organizzazione degli spazi economici e nella battaglia per l'utilizzo ottimale dei territori operano due tendenze contraddittorie: da un lato un processo di trasferimento/impianto verso le aree di manodopera a basso costo (fenomeno a rotazione relativamente rapida, se già ne deriva la tendenza delle aziende della Corea del sud a migrare verso la Cina e il Sud-est asiatico negli anni novanta, che rischia di produrre crepe nel modello di sviluppo nazionale delle «tigri asiatiche»); dall'altro lato un processo di addensamento e di concentrazione degli impianti su territori vocati all'innovazione, ricchi di competenze diversificate, ad alta densità tecnologica. Alle economie di scala, o di aumento di produttività legate alle dimensioni aziendali, e alle economie di impegno, che traggono profitto dall'allargamento delle attività, si aggiungono le economie di agglomerazione. Il raggruppamento intorno a dei poli, e l'organizzazione dell'economia mondiale come rete che collega i poli tra loro trascurando gli spazi intermedi meno dotati, e quindi esposti all'emarginazione e alla desertificazione, comporta il rischio di un doppio binario nello sviluppo dell'economia mondiale, e quello di una geografia sociale a due velocità. È l'«economia ad arcipelago» (P. Veltz) o la «tecno-apartheid mondiale» (R. Petrella). In ogni direzione del pianeta, certo con intensità diverse secondo il paese o il continente, queste mega-città-regioni, incroci dei mercati e delle reti mondiali, generano tendenze che si trasferiscono sulla mappa delle linee e dei flussi delle telecomunicazioni. Nella Thailandia, emulo delle quattro «tigri», Bangkok possiede il sessantotto per cento del totale delle linee telefoniche disponibili nel paese. La densità in materia di tecnologie informatiche e della comunicazione che si riscontra nel polo cresciuto attorno a San Paolo, in Brasile, è paragonabile a quella del «triangolo d'oro» europeo, ed è lontano anni luce da quella di Recife. E ciò nonostante che la megalopoli di San Paolo abbia la propria periferia urbana caratterizzata dal fenomeno della «ruralizzazione», tipico delle grandi città latino-americane.

Constatazioni di questo genere sono alla base delle geostrategie di segmentazione, o di creazione di «comunità di consumatori» elaborate dal marketing. Convinta che le diversità nello stile e nel livello di vita siano piú importanti della vicinanza geografica e dell'appartenenza a una tradizione nazionale, l'industria pubblicitaria tende a costituire delle vaste comunità transnazionali di consumatori che condividono gli stessi *socio-styles*, le stesse abitudini di consumo e pratiche culturali. In qualche modo, questo tipo di ricerca del destinatario del messaggio indipendentemente dalle frontiere non fa che consacrare uno squilibrio strutturale: da un lato la proliferazione dei simboli, riconoscibili da tutti, della «cultura globale», e dall'altro la riduzione del numero dei reali beneficiari dei beni di consumo e dei modi di vita che i suoi vari strumenti fanno balenare.

La riproduzione della tendenza ad approfondire l'abisso tra i gruppi *data-rich* e quelli *data-poor* si ritrova perfino nei documenti piú ufficiali, e coinvolge sia le connessioni alle infrastrutture mondiali dell'informazione, sia l'elaborazione di archivi di dati propri. Cosí, il rapporto emesso nel 1966 dalla Banca mondiale, intitolato *Increasing International Connectivity in Sub-Saharian Africa*, si preoccupa del fatto che la maggior parte di quelle regioni non è per nulla collegata a Internet (se si fa un confronto con la crescita esplosiva del suo utilizzo verificatasi dopo il 1988 non solo nei grandi paesi industrializzati, ma anche nell'Europa dell'est, in America latina e nel Sud-est asiatico). Il tono del documento oscilla tra l'esaltazione delle radiose opportunità aperte dalla «rivoluzione dell'informazione», che offre «un'eccezionale occasione di balzare nell'avvenire, rompendo così con decenni di stagnazione o di declino», e la descrizione delle nere prospettive che si aprono per «i paesi che non potranno approfittarne e volare su questa grande onda di cambiamento tecnologico» e, anzi, rischiano di esserne spazzati via.

2. *Le reti parassite*

I geopolitici li chiamano «i nuovi fronti planetari del disordine», «i luoghi dell'ombra», «gli anti-mondi». Sono i fronti dell'inquinamento ambientale, i circuiti dell'economia sommersa o ufficiosa, le reti mafiose e dei traffici illeciti (dagli stupefacenti alla tratta dei minori, passando per il contrabbando elettronico), i fronti dell'integralismo, delle sette, dei profughi e delle migrazioni in cerca di lavoro, regolari o clandestine, verso paesi o regioni prospere, i fronti di nuovi flagelli e via dicendo. Questi fronti discordanti, questi universi paralleli, sono rivelatori delle crisi, dei conflitti e degli squilibri che affliggono le nostre società in trasformazione, e le tengono in bilico sul rischio permanente del collasso, della catastrofe. Ecco qualche esempio che illustra l'ampiezza di questi fronti dirompenti del disordine mondiale.

– Gli esperti informatici prevedono che la smaterializzazione dell'economia e l'allargamento delle imprese virtuali delocalizzate, sfuggenti al controllo fiscale e sociale degli Stati, che sono abituati a governare in un «territorio reale», favoriranno la costituzione di «paradisi fiscali virtuali», di «lotterie virtuali» e di «casinò informatici». Partendo da territori dove i giochi d'azzardo sono legali, Internet-Casinò offre già una rete estesa da Las Vegas a Toronto, Amsterdam, Kuala Lumpur, Honk Kong, Londra, Saint-Martin, Cuba, Barbados e Bermude. L'extraterritorialità apre, inoltre, nuove vaste opportunità per il riciclaggio di denaro sporco.

– I ricevitori satellitari, i radar fissi e mobili, i monitor, i sistemi di rilevazione satellitare delle posizioni e gli aerei spia, che costituiscono il sistema di sorveglianza ecologica (Sivam) messo in opera dal Brasile per la regione amazzonica, non servono soltanto per garantire l'equilibrio ecologico del «polmone del pianeta» e le sue biodiversità. Questo complesso sistema funziona anche per scoprire i movimenti irregolari del traffico aereo e per prevenire reati come il narcotraffico e il contrabbando.

– Con la proibizione delle antenne paraboliche individuali i governi dell'Arabia Saudita e dell'Iran cercano di mettere i propri cittadini al riparo dalle influenze di ogni espressione culturale contraria ai messaggi dei loro Mullah. All'opposto, in Francia, la grande diffusione delle antenne paraboliche fra la popolazione immigrata dal Maghreb fa temere, in certe municipalità dell'area parigina, il dilagare di una propaganda integralista islamica fuori controllo, e ha un'influenza diretta sulla politica di creazione di una rete arabofona via cavo, allo scopo di offrire un'alternativa diretta.

– Di fronte alle manifestazioni crescenti di intolleranza,

e all'aumento della violenza degli esclusi, la logica della sicurezza tende a imporsi a tutti i livelli, individuali e collettivi, nazionali e internazionali. Questo imperativo della sicurezza ha una diretta influenza sulla scelta delle strade da seguire per l'inserimento nella società delle nuove tecnologie per l'informazione e la comunicazione. Il diffuso boom di quella parte del mercato dell'elettronica dedicata alla sicurezza ne è l'indizio piú evidente. Ma ce ne sono altri meno clamorosi. Per esempio, il grado di espansione della telefonia cellulare tra le classi medie di Caracas è molto maggiore rispetto a quello che si ha nelle grandi capitali europee; la ragione di ciò non è tanto l'insufficienza delle reti telefoniche pubbliche fisse, quanto il fatto che portare con sé uno strumento con il quale si può segnalare la propria posizione in qualsiasi momento è considerato un fattore di protezione contro la delinquenza urbana, che in quella città è fra le piú alte del mondo.

Questo potenziale di conflitti è poi inserito in un mondo dove il problema ecologico sta mettendo in gioco la sopravvivenza stessa dell'umanità, e dove si intravede lo spettro della crisi alimentare. Gli ecosistemi locali sono essi stessi crogioli di crisi sociali, non riuscendo piú a contenere l'incremento demografico, minacciati come sono di catastrofe a causa dell'impoverimento dei suoli, del disboscamento, dell'esaurimento delle riserve d'acqua, dell'impossibilità di estendere ancora le terre coltivabili e dell'eccessivo sfruttamento delle risorse oceaniche. «Si contano piú contenziosi marittimi nel solo 1995 che nell'intero XIX secolo», spiega in un articolo su *Le Monde* del 27 febbraio 1996 Lester R. Brown, responsabile del principale centro internazionale di ricerche ecologiche, il Worldwatch Institute di Washington. «La guerra tra l'uomo e la terra è già incominciata» prosegue Brown «si tende a dimenticare troppo spesso che gli ecosistemi sono la base dell'economia mondiale, e che, quali che siano le possibilità teoriche di sviluppo delle telecomunicazioni e dell'informatica, se la produttività dell'ecosistema diminuisce, peggiorano anche le prospettive dell'intera economia mondiale... Dobbiamo quindi ripensare l'organizzazione del nostro sistema economico e i suoi valori, i nostri modelli e il nostro stile di vita.»

II. Le frontiere della monocultura

1. McMondo o Jihad?

Questo è il dilemma che riempie le riflessioni sull'avvenire culturale del pianeta, sotto la spinta degli universi simbolici dei consumi di massa e delle comunicazioni in tempo reale. Alcuni pensano che lo stabilirsi di un «McMondo» sia inevitabile, essendo la monocultura il prezzo da pagare per conquistare il libero scambio e la stabilizzazione dei grandi blocchi economici. All'opposto, altri ritengono l'omogeneizzazione ben lontana, in un mondo come il nostro, lacerato da profonde fratture sociali ed economiche, e dalle increspature nazionaliste. Per questi, è piuttosto la Jihad che può rappresentare la situazione del pianeta.

In che misura queste due rappresentazioni estreme rendono l'idea della complessità dell'evoluzione della cultura e delle culture? Come collocare questa fase della storia delle nostre società senza cadere nella faciloneria e nelle trappole dei termini onnicomprensivi, «declinazioni» successive delle nozioni di omogeneizzazione, di standardizzazione, di massificazione che non cessano di moltiplicarsi?

2. Le vicissitudini del «villaggio globale»

La storia si è incaricata di sottolineare in numerose occasioni la debolezza delle rappresentazioni fondate sull'idea di «villaggio globale», che hanno accarezzato l'immaginario del grande pubblico intorno all'avvenire dell'umanità e che, nella *realpolitik* delle imprese, sono servite soprattutto a giustificare i grandi miti della conquista del mercato mondiale.

Se è vero che il peso acquistato dal sistema dei media ha cambiato radicalmente il modo di condurre la guerra e di raccontarla, la trasmissione delle battaglie in mondovisione non ha certo contribuito ad abbattere le barriere fra militari e civili. L'informazione globale non ha dato un grande aiuto ai paesi in via di sviluppo per recuperare il ritardo rispetto al gruppetto di testa del mondo industrializzato.

L'intervento umanitario in Somalia, battezzato *Restore Hope*, compiuto tra il 1992 e il 1994, in cui l'estrema pubblicizzazione del dispiegamento contrasta vivamente con la quasi clandestinità del malinconico ritiro delle truppe e degli equipaggiamenti supersofisticati, non ha dato ai cittadini del mondo né la voglia né la possibilità di cambiare qualcosa. Dalla Bosnia alla Cecenia, passando per la Liberia, l'assuefazione alle immagini choc della barbarie umana ha smussato l'attenzione degli spettatori. L'umanità è ancora in attesa che si realizzino le profezie di Marshall McLuhan e di Jack London sulla rivoluzione sociale e pacifista compiuta attraverso le immagini animate.

La moltiplicazione dei *global events*, eventi catartici che radunano attorno alla stessa notizia, allo stesso reportage, allo stesso programma, gli spettatori nazionali e locali piú disparati, non si è rivelata necessariamente creatrice di una maggiore «comunanza mondiale». Viene piuttosto da pensare il contrario, ascoltando il commento dei giornalisti delle diverse nazioni durante i grandi appuntamenti sportivi mondiali: ci si allontana a grandi passi dal mito del villaggio globale per rinchiudersi negli steccati dello sciovinismo. Anzi, cosa ancora piú preoccupante, il modo in cui vengono presentate le competizioni sportive diventa sempre piú spesso modello e riferimento per il modo di trattare le informazioni sui conflitti.

Si possono anche avanzare seri dubbi sulle ultime versioni del mito della «fine delle ideologie», che è tornato di moda dopo la caduta del muro di Berlino, poiché queste fanno della globalizzazione e della cultura di massa un argomento centrale. Alla fine del 1989, Francis Fukujama lo riciclava sotto forma di mito della «fine della storia». Per questo direttore aggiunto dell'ufficio strategico del Dipartimento di Stato americano, il fatto che le radioline a transistor siano di moda in Cina, che Mozart faccia da sottofondo musicale nei supermercati giapponesi, che la musica rock a Praga sia l'espressione della rivolta contro un'ideologia stalinista agonizzante, è diventato un segnale inoppugnabile dell'omogeneizzazione democratica del mondo sotto l'egida del nuovo liberalismo. Da allora l'idea si è consolidata nella retorica del libero scambio: la diffusione dei prodotti dell'industria dell'*entertainment* porta automaticamente alla libertà civile e politica. Come se lo statuto di consumatore fosse l'equivalente dello statuto di cittadino.

3. L'ibridazione, o la modernità in discussione

Fin dall'inizio della storia degli scambi nel mondo, i modelli culturali e istituzionali diffusi dalle potenze egemoni hanno incontrato popoli e culture che hanno opposto resistenza all'annessione, che sono stati contaminati, che si sono assimilati e sono scomparsi. In questi crogioli culturali si sono prodotti i sincretismi. Ciò è avvenuto, per esempio, con i popoli autoctoni della Nuova Spagna: stravolgendo le liturgie, le cerimonie e le leggi loro imposte dai conquistadores, utilizzandole in modi e per fini diversi da quelli previsti dai loro padroni, le avevano fatte sfuggire di mano a coloro che le avevano inventate. Questa riappropriazione è un elemento centrale del «meticciato». È stata un'intuizione di Michel de Certeau a ricordare, nella sua opera *Arts de faire: L'invention du quotidien* (1980), questa continua interazione tra un sistema imposto e i suoi utilizzatori, estrapolandola dall'osservazione degli espedienti per aggirare i regolamenti disciplinari messi in atto dall'«uomo comune» dei giorni nostri.

Se la mondializzazione/globalizzazione è un componente della cultura contemporanea, non è tuttavia la sola logica capace di modellare i destini del pianeta. Negli anni ottanta, accanto alla fioritura delle teorie sulla globalizzazione finanziaria e sulla standardizzazione culturale, si è messa anche in luce una scuola di pensiero che pone l'accento sugli scarti che esistono tra le forze centripete e agglomeranti delle logiche mercantili e la pluralità delle culture, e che concepisce la frammentazione e la globalizzazione come una coppia in tensione, all'interno della quale si gioca la scomposizione-ricomposizione delle identità sociali e culturali. Nascono cosí nuovi interrogativi. Come possono acquistare un significato i collegamenti con le reti planetarie presso le diverse comunità? E queste come resistono, vi si adattano, soccombono? Domande già assillanti nelle anticipazioni di G.H. Wells all'alba del XX secolo, quando si occupava dell'egemonia linguistica. Emergono quindi ripensamenti sui rapporti complessi che si intrecciano tra «globale» e «locale», dissonanti con la primitiva idea della fatalità della monocultura.

Alcuni antropologi hanno avviato una revisione critica delle teorie consolidate sulle relazioni tra i flussi culturali senza frontiere e le singole culture. Secondo costoro, l'intensificazione dei flussi, e la innegabile realtà di una tendenza alla globalizzazione della cultura, non portano necessariamente all'omogeneizzazione culturale del pianeta, ma certamente verso un mondo sempre piú «meticciato». Le nozioni di ibridazione e «meticciato» rappresentano bene le ricombinazioni e i riciclaggi dei flussi culturali transnazionali presso le culture locali. L'antropologo indiano Arjun Appadurai sostiene che i principali veicoli di omogeneizzazione (armamenti, tecniche pubblicitarie, diffusione egemonica di alcune lingue, moda) introdotti dalla globalizzazione vengono in realtà «assorbiti nelle economie politiche e culturali locali soltanto per essere nazionalizzati come modi d'espressione eterogenei di sovranità nazionale, di libertà di impresa e perfino di fondamentalismo, nei quali lo Stato gioca un ruolo sempre piú delicato». Con troppa apertura ai flussi globali si rischia la rivolta (è la sindrome cinese); se l'apertura è troppo poca, lo Stato si mette fuori della comunità delle nazioni (è il caso della Corea del nord, l'ultimo regime autarchico rimasto sul pianeta). Questo antropologo si spinge a parlare di «modernità alternativa» e di «esplosione di modernità culturali» che vengono fuori da Bombay, Tokio, Rio de Janeiro e Honk Kong, come da

Los Angeles, New York, Londra e Parigi, e testimoniano la molteplicità delle vie di accesso dei diversi caratteri peculiari alle nuove forme di cosmopolitismo. Demistificando l'idea di modernizzazione come proiezione esclusiva dell'esperienza euro-americana, che ha dominato senza rivali le considerazioni sul tema «sviluppo/sottosviluppo» fino agli anni settanta, le nuove teorie intendono dimostrare che le culture locali non spariscono dalla carta del mondo, ma si rielaborano integrando il moderno con la tradizione, e stabiliscono nuove basi per le proprie industrie culturali e per la propria capacità di creazione artistica. Eloquente dimostrazione di ciò sono fenomeni, anche molto diversi fra loro, come l'affermazione dell'industria televisiva brasiliana sul mercato mondiale, e la vitalità della creazione artistica nel campo della danza in certi paesi dell'Africa nera. Tutte manifestazioni che i radicati cliché pessimisti vogliono ignorare. La rapidità di adattamento dei paesi asiatici e latinoamericani alle tecnologie digitali, e i vantaggi che sanno trarne sia sul piano dei risultati sul mercato mondiale, sia per realizzare programmi sociali e di ricerca scientifica, è un dato che disturba l'immagine a senso unico che abbiamo di questa parte del mondo, che, tra l'altro, è la piú popolosa. Tuttavia non si può negare che queste nuove forme di modernità si accompagnino, come diritto e rovescio di una stessa realtà, a un rapido processo di impoverimento e di esclusione di ampie fasce di popolazione. Le piú recenti ipotesi sui rapporti interculturali segnalano, un po' dovunque, l'inizio di un processo di rivalutazione delle culture locali, condizione preliminare per l'invenzione di un modello economico e sociale meno sottomesso ai soli imperativi imposti dai mercati esterni.

4. *Un'antropologia della contemporaneità*

La crisi dell'ideologia della modernità-progresso assilla anche gli studi degli antropologi delle grandi società industriali. È cambiato il modo di osservare l'altro, poiché la crisi della socialità (i significati codificati e simbolici del rapporto con gli altri) si è allargata all'intero pianeta. Ogni individuo ha preso coscienza di appartenere al mondo. Tutti si sentono contemporanei con tutti, ma in un quadro di pluralità. Come pensare contemporaneamente l'unicità del pianeta e la diversità dei mondi che lo costituiscono? Questa è la domanda che sottende il nuovo sguardo antropologico sulla complessità del mondo. L'interesse si sposta dalle società e dalle culture lontane, esotiche, oggetto degli studi dell'antropologia sociale classica, verso la ricerca sull'attuale contemporaneità come risposta all'accelerazione della storia e ai cambiamenti di scala, al rimpicciolimento del pianeta e all'individuazione piú puntuale dei destini e dei riferimenti. Possiamo citare Marc Augé, il cui percorso (dall'etnologia delle società africane a quella di Euro-Disney, della metropolitana o delle megalopoli) è rappresentativo di questo approccio, che prende atto delle «nuove modalità di creazione dei simboli all'opera nel complesso planetario»: «Queste modalità richiedono l'intervento delle reti di informazione, che sono gli strumenti per eccellenza dei meccanismi rituali a disposizione, delle elaborazioni personali degli individui piú o meno integrati a queste reti, e di tutto un complesso di istituzioni ufficiali e ufficiose che si sforzano, ciascuna per la sua parte, di costruire significati di «compromesso» tra reti e individui. Sotto questo punto di vista, un santone guaritore africano, un gruppo di architetti che lavora a un progetto o un'équipe medica che studia forme di intervento in questo o in quell'ambiente, costituiscono realtà della medesima natura». Il suo saggio *Pour une anthropologie des mondes contemporains* (1994) conclude: «Adeguarsi al cambiamento di scala non vuol dire abbandonare l'osservazione delle piccole realtà, ma prendere in considerazione le grandi correnti che le attraversano, le spingono fuori dai propri confini e, facendo questo, le plasmano e riplasmano senza posa».

L'antropologo propone due antinomie per descrivere gli spazi e il mondo contemporanei: la coppia luogo/non-luogo e la coppia modernità/ultra-modernità. Il luogo è simbolico in tre modi: per l'identità, per le relazioni e per la storia. Rappresenta il rapporto tra il luogo stesso e ciascuno dei suoi occupanti, tra questi e gli altri occupanti, e tra ciascuno e la storia comune. Caratteristica del mondo contemporaneo è la proliferazione dei «non-luoghi»: spazi esclusivamente di passaggio (autostrade, rotte aree), di consumo (ipermercati) e di comunicazione (telefoni, fax, televisione, reti telematiche). In questi «non-luoghi» si coesiste, si coabita senza vivere insieme. Lo status di consumatore o di passeggero si stabilisce attraverso un rapporto contrattuale con la società. Questi non-luoghi dell'esperienza, che pure fanno nascere atteggiamenti psicologici e forme diverse di rapporti tra la gente, appartengono all'ultra-modernità, che si definisce per contrasto con la modernità. La grande metropoli odierna, presentandosi come «punto centrale, nodo di relazioni, di emissione e di assorbimento nel vasto intreccio che oggi è il pianeta», è all'incrocio dei luoghi della modernità e dei non-luoghi dell'ultra-modernità.

Il merito di questa «etnologia a casa propria» è quello di rimettere radicalmente in questione lo sguardo etnocentrico sugli altri. Con questo spostamento diventa possibile una certa inversione delle prospettive: il centro visto dalla periferia, i «nord» visti dai «sud».

5. La teoria sottoposta alla verifica del libero scambio

L'interesse rivolto alle peculiarità delle culture ha anche suggerito nuovi modi di considerare il processo di accoglimento individuale e collettivo dei prodotti culturali transnazionali nei diversi ambiti di consumo. Cosí, l'accoglimento di oggetti emblematici della globalizzazione mediatica, come le serie televisive *Dallas* o *Dynasty*, è stato oggetto di particolari attenzioni. Alle teorie di ispirazione comportamentista sulle ricadute a senso unico dei programmi televisivi, sono subentrate altre spiegazioni che riscoprono l'importanza delle mediazioni nell'individuazione del significato, ed evidenziano le differenze di lettura derivanti dall'appartenenza dello spettatore a questa o quella cultura.

Il riconoscimento ormai diffuso dell'importanza degli

«ambienti» e delle «mediazioni» è all'origine di una revisione delle considerazioni teoriche sull'analisi dei rapporti fra le culture. Ma alcuni approfittano di questa apertura per dichiarare superata la lettura dei rapporti fra le culture come subordinazione di alcune ad altre, e per salutare l'avvento di un consumatore sovrano, che naviga nell'universo della cultura globale senza altro limite che la propria libera scelta. Eliminati dal campo dell'analisi culturale i rapporti di forza e le cause socio-economiche, si perde ogni possibilità di comprensione politica del mondo, e rimane spazio solo per un super relativismo culturale. In questo modo le nuove teorie vengono usate come paravento, e servono a giustificare ogni compromissione e ogni compromesso con il potere sociale ed economico. Quindi, se si vuole conservare a quei nuovi strumenti intellettuali la loro validità euristica, bisogna usarli con il rigore epistemologico richiesto da un'epoca in cui il principio dominante liberoscambista è riuscito a pervadere l'intero campo delle scienze sociali. L'attenzione critica di certi etnologi verso l'utilizzo operativo che si può fare del loro modo di considerare la contemporaneità ci ricorda la natura ambigua di questi cambiamenti d'ottica nell'analisi del quotidiano, dell'utilizzo e degli utilizzatori dei concetti di «luogo» e «non-luogo».

L'enfasi posta sulle mediazioni e le interazioni non deve far dimenticare che l'universalizzazione contemporanea di un sistema produttivo e tecnico-scientifico resta piú che mai segnata dall'ineguaglianza degli scambi. Inoltre, bisogna affrettarsi a dire che il potente movimento che spinge popoli e nazioni a riappropriarsi della propria storia e della propria cultura è molto ambivalente. Questo movimento, in effetti, può spingere verso posizioni estreme, come il ripiegamento sulla propria identità, il ritorno al tribalismo, alla purezza delle radici etnico-culturali e alle multiformi manifestazioni di intolleranza verso gli stranieri. Del resto, tutte le forme radicali di esclusione dell'Altro non possono essere lette come confuse risposte alle esclusioni connaturate alle logiche discriminanti della globalizzazione economica?

6. Un conflitto tra civiltà?

Nessuna parte del mondo è al riparo dalla tentazione etnico-culturale che la crisi insinua, sottilmente e brutalmente, nella prassi e nelle teorie. Favorite dalla fine della guerra fredda, partendo da un concetto di «civiltà» intesa come comunanza di storia, di lingua, di tradizioni e, soprattutto, di religione, si diffondono nuove visioni manichee del pianeta che istillano l'idea della necessità di erigere muraglie per difendersi dall'Altro. Se ne vedono le ricadute nei meandri di certe ideologie geopolitiche che, a partire dalle lezioni provenienti dai conflitti locali contenenti importanti aspetti culturali, come le guerre in Bosnia e nel Caucaso, vedono nel senso di appartenenza a una determinata civiltà la piú probabile causa di conflitti nel terzo millennio. A questo proposito, Samuel P. Huntington ritiene che d'ora in avanti la guerra non avrà piú cause economiche o politiche, ma si farà per la «difesa delle frontiere della propria civiltà». Sono sette o otto le principali civiltà che si affronteranno nel futuro; probabilmente la sfida sarà tra «quella occidentale, la confuciana, la giapponese, l'islamica, l'induista, la slavo-ortodossa, quella latino-americana e, forse, quella africana». Concentrando poi la sua attenzione sulle «frontiere sanguinose dell'Islam», Huntington vede nell'alleanza fra la civiltà islamica e quella confuciana la nascita di poli «potenzialmente ostili all'Occidente», «che potrebbero sfidare la potenza e i valori dell'Occidente»; in questo modo individua «il nuovo nemico globale» ed esorta i paesi che costituiscono la «civiltà occidentale» a trarre da questa realtà le conseguenze per la propria sicurezza. Compito della «politica globale» sarebbe non solo quello di rafforzare i legami fra i paesi e i gruppi che si riconoscono negli stessi valori e negli stessi interessi, ma anche quello di accentuare lo sforzo per mantenere la superiorità militare americana nell'Asia orientale e nel Sud-est asiatico.

Questa visione, fondata sulla diversità delle culture e sulla sicurezza, non solo toglie ogni importanza alle cause strutturali di segregazione economica e sociale nel mondo, ma ignora anche completamente il fatto che il pericolo, nell'era dell'accentuazione delle pressioni internazionali sulle realtà locali e nazionali, non è tanto quello di una guerra tra le diverse civiltà quanto lo scontro all'interno di ogni cultura, terreno su cui, in definitiva, si gioca la sorte della dialettica mondializzazione/frammentazione.

III. Verso un nuovo «cosmopolitismo democratico»?

1. *Le cause a livello planetario*

Le organizzazioni non governative hanno fatto irruzione sullo scenario internazionale. Poche fino a qualche anno fa, il loro numero si è moltiplicato in modo impressionante: i loro dirigenti, le loro reti e i loro scopi sociali si sono diversificati.

Il fenomeno comincia a manifestarsi negli anni sessanta-settanta, inizialmente su tre terreni: i diritti umani, le strategie delle multinazionali nel Terzo mondo e la tutela dell'ambiente. Queste associazioni provengono soprattutto dai paesi anglosassoni. È il caso di Amnesty International, fondata nel 1961 da un gruppo di giuristi, tra cui l'irlandese Sean MacBride, che si autodefinisce «organizzazione mondiale di difesa dei diritti umani indipendente da qualsiasi governo e da qualsiasi ideologia». L'International Organisation of Consumers Unions (Iocu) è stata fondata nel 1960 da associazioni di consumatori di cinque paesi (Stati Uniti, Australia, Regno Unito, Belgio e Paesi Bassi). Oggi ne fanno parte piú di centocinquanta organizzazioni radicate in una sessantina di paesi. Questa organizzazione, che dispone di tre sedi «regionali» (L'Aja, Montevideo e Penang), ha promosso diverse campagne, soprattutto contro le pratiche di marketing delle compagnie alimentari e farmaceutiche, contro quelle dell'industria dei pesticidi e, piú in generale, contro i misfatti del modello di sviluppo corrente. Greenpeace è nata a Vancouver nel 1971 sull'onda dell'opposizione ai test nucleari (americani) e alla guerra nel Vietnam. Otto anni piú tardi ebbero inizio le sue campagne internazionali in favore della «pace verde» contro gli Stati e le aziende responsabili di attentati all'ambiente.

Inventori del motto: *Think globally; Act locally,* le organizzazioni non governative hanno dato forme nuove, di volta in volta, agli interventi nella società. Mentre la maggioranza delle istituzioni politiche e sindacali esitano ancora a farsi carico dei problemi dei media, queste associazioni, dotate di sperimentata professionalità, mettono in campo un proprio dispositivo di comunicazione, coinvolgono i media e riescono a trasformare la loro battaglia in un evento pubblico. La loro forza sta nelle azioni articolate di base, e nel potere di pressione sulle sedi governative e sovranazionali. Le loro reti hanno quella flessibilità che tanto manca ai grandi dispositivi centralizzati, sia statali, sia privati. L'utilizzo delle piú recenti tecnologie per raccogliere, immagazzinare e analizzare le informazioni non ha segreti per loro.

Per la causa umanitaria gli anni ottanta sono quelli del *charity business* e della visibilità sui media in un contesto segnato dalla contrazione del ruolo dello Stato assistenziale e dall'impoverimento delle politiche di aiuto allo sviluppo. Per raccogliere fondi, le organizzazioni fanno un uso intensivo degli stessi metodi di persuasione propri della comunicazione commerciale, come le tecniche di *mailing*, e non esitano a usare gli stessi schedari delle case di vendita per corrispondenza. Lo spirito imprenditoriale pervade le vecchie organizzazioni umanitarie come le piú recenti. La parola d'ordine della comunicazione raggiunge perfino l'organismo primogenito dell'intervento umanitario moderno, la Croce Rossa, che ha dato origine al concetto giuridico di «spazio umanitario neutro», sancito dalla convenzione di Ginevra nel 1864. L'antenato delle organizzazioni per lo sviluppo, l'Oxfam (Oxford Committee for Famine Relief), fondato nel 1942, riunisce i propri settori marketing e comunicazione e riorganizza gli ottocentocinquanta negozi della sua catena di distribuzione di prodotti acquistati direttamente presso i produttori del

Terzo mondo dall'Oxfam Trading per essere rivenduti con il proprio marchio. I concetti che fanno capo alla generica «assistenza allo sviluppo» finiscono in soffitta, e la nuova leva di organizzazioni non governative adottano slogan piú efficaci per colpire l'attenzione: *Save the Children*, *Foster Parents Plan*, *Médecins sans frontières*.

Sempre negli anni ottanta, decennio in cui la comunicazione è piú mitizzata, la crescente influenza della mentalità manageriale suscita delle controversie. In Francia si accende un dibattito sulle deviazioni negative dell'acquiescenza alle logiche mediatiche. Si sollevano obiezioni. La messa in scena della miseria e della violenza in tutte le sue forme dà vita a una rappresentazione particolare delle condizioni del mondo, la cui capacità di toccare il pubblico finisce per dettare i temi del dibattito e le modalità dell'azione. Si fa la scelta di intervenire nelle situazioni urgenti a scapito dei programmi a lungo termine, trascurando il coinvolgimento del volontariato. L'«obbligo dell'intervento umanitario» sostituisce alle soluzioni politiche articolate un'equazione a termine unico, che è il mito della presenza sul campo, unico fattore indicativo dell'efficacia.

Le discussioni davanti al grande pubblico hanno tuttavia nascosto altre incrinature sotterranee verificatesi nei rapporti fra società civili. Mosse da una concezione dello sviluppo che mette in discussione i termini consueti di scambio, appaiono nuove forme di «cooperazione decentralizzata» e di reti di scambio reciproco di saperi. Al modello basato sulla diffusione allargata della comunicazione di tipo persuasivo succede cosí una riflessione sulla «democrazia partecipativa» e sul ruolo che vi possono avere i diversi media. Su questa traccia nasce, nel 1983, cominciando dal Québec, un'associazione mondiale che mette in rete gli operatori delle radio di differenti comunità (Amarc). Questo luogo d'incontro della radiodiffusione raggruppa radio alternative dell'America del nord, radio locali d'Europa, radio rurali d'Africa, radio popolari dell'America latina e dell'Asia, e anche emittenti di gruppi sociali specifici, come quello delle donne. Piú recentemente sono apparse forme inedite di associazioni transfrontaliere (quali le Euro-regioni, l'Arco mediterraneo, l'Arco atlantico, ecc.) che hanno inventato nuove modalità di cooperazione non istituzionalizzata, suscitando non solo scambi culturali multipli, ma anche interpretazioni originali dell'identità sovranazionale delle regioni periferiche.

2. *Verso una «società civile internazionale»*

Il bilancio, per ora provvisorio, dell'apporto delle Ong al rinnovamento internazionale è naturalmente fatto di luci e ombre. La loro influenza è ambivalente. Da un lato esse offrono un alibi ai governi e alle grandi istituzioni finanziarie come la Banca mondiale, che sostengono i loro progetti di organizzazione di base nei campi dell'istruzione e della sanità, un modo come un altro per sottrarsi elegantemente alle responsabilità delle loro politiche globali di austerità, che aggravano i fattori di esclusione. Le organizzazioni di base fanno in qualche modo da ammortizzatore per i provvedimenti drastici imposti dall'alto in nome di un razionalismo finanziario che non considera i costi sociali derivanti dall'applicazione. Dall'altro lato, il modello Ong rappresenta un pungolo che, applicando concretamente i princípi democratici nel quotidiano, e occupandosi di concreti motivi di preoccupazione, mette in risalto l'inconcludenza delle formulazioni astratte abusate nei discorsi ufficiali sulla democrazia. Ne sono dimostrazione le assemblee organizzate parallelamente a conferenze intergovernative (a Rio de Janeiro, nel 1992, con il «forum globale» sui problemi dell'ambiente e sullo sviluppo compatibile; e a Pechino, nel 1995, il vertice parallelo sulla condizione femminile). Tuttavia, è sempre in agguato il rischio di lasciarsi incantare acriticamente da questi modi inediti di praticare gli scambi fra i popoli.

Comunque sia, anche attraverso questa ambivalenza, la nascita delle reti delle Ong, sia per le loro origini cosí diverse, sia per i loro campi d'azione cosí disparati, costituisce uno dei fenomeni piú importanti della seconda metà del ventesimo secolo. Queste danno voce all'aspirazione a un diverso tipo di assetto mondiale; ma dedurre che stiamo assistendo all'avvento di una nuova società civile internazionale sarebbe esagerato. La diffusione dei criteri organizzativi delle Ong può significare soltanto l'allargamento di forme di intervento sociale di tradizione anglosassone, in sintonia con il generale empirismo e insofferente della rappresentazione complessa delle società contemporanee in termini di potere/contro-potere.

Le possibilità di realizzare una società civile internazionale dipendono ancora in gran parte dai rapporti di forza fra gli Stati e dalle pressioni che da loro provengono. Fino a prova contraria, e salvo credere ciecamente al mito della «fine dello Stato», che fa molto comodo alla «Repubblica mercantile universale», il territorio nazionale resta il luogo dove si struttura una cittadinanza. Il luogo dove, pur alleggerendo la concezione giacobina del ruolo dominante del potere statale, la società civile organizzata può opporsi al disimpegno totale dello Stato propugnato dal liberalismo oltranzista. Avere ben presente questa complessità è certamente il miglior modo per contrastare il populismo e le sue derive nazionaliste, che si fanno forti della rappresentazione semplicistica di uno Stato astratto e malefico, opposta a quella di una società civile idealizzata, spazio libero per le relazioni fra individui pienamente sovrani.

3. Le ribellioni contro il globalismo

Sotto tutte le latitudini i riferimenti alla mondializzazione destano l'attenzione di un sempre maggior numero di cittadini. Solo una visione mediacentrica può far credere che i collegamenti a dimensione planetaria significhino soltanto una maggiore esposizione a certi marchi, a certe informazioni, a programmi e server stranieri. L'interconnessione del mondo è anche e soprattutto problema di vita vissuta. L'influenza si esercita attraverso le conseguenze del cambiamento dei modelli economici e sociali, presupposto dell'integrazione nello spazio mondiale di ogni società particolare. Questo capovolgimento strutturale è tanto piú profondamente recepito dagli individui quanto piú riguarda da vicino il diritto al lavoro e alla previdenza sociale, e il diritto di usufruire dei servizi pubblici. Nei grandi paesi industrializzati un sempre maggior numero di persone prende coscienza dell'interdipendenza fra la propria situazione e gli spostamenti delle aziende, la concorrenza internazionale e la cosiddetta stretta finanziaria. Molti degli altri paesi hanno scoperto spesso da lungo tempo le leggi dell'economia mondiale, in occasione di politiche di austerità e di liberalizzazioni di settori strategici dell'economia nazionale imposte da programmi di «stabilizzazione macroeconomica» e di «aggiustamenti strutturali», a loro volta caldeggiati da istituzioni finanziarie sovranazionali come condizione per ottenere una rinegoziazione del debito estero. Queste riforme tendono a svuotare le società nazionali dei loro contenuti peculiari, proponendo modelli standard di istituzioni (educative, comunicazionali, sanitarie, urbanistiche e via dicendo) conformi alle logiche della fluidità mercantile utile alla globalizzazione. Di fronte a questo progetto di economia generalizzata le voci dell'opposizione sono incerte. Ecco qualche segnale di ribellione.

– Saccheggiando di quando in quando i templi del consumismo, gli emarginati della globalizzazione, che nelle megalopoli dell'America latina sono del tutto integrati sotto i simboli dell'universo consumistico senza peraltro poterne acquistare i prodotti, rispondono con violenza selvaggia a un capitalismo che anch'esso assume forme sempre piú devastanti.

– Protestando contro le decisioni degli urbanisti di trasferire le librerie e gli asili nido dal centro urbano alla periferia al fine di ottimizzare i risultati degli investimenti fondiari, la popolazione della città di Chengdu, nella regione del Sechuan, e di altre grandi città del sud-est della Cina popolare, ha espresso nel 1994 e nel 1995 le sue preoccupazioni di fronte a un modello di sviluppo liberista attento soltanto alla produzione per l'esportazione e imperniato sulle «zone economicamente privilegiate».

– Rompendo con i metodi dei movimenti rivoluzionari degli anni sessanta, la guerriglia nello Stato del Chiapas ha aperto in Messico nuove occasioni di discussione sulle prospettive dell'identità nazionale nell'approssimarsi della costituzione della vastissima area di libero scambio fra il Messico stesso, gli Stati Uniti e il Canada. È stato questo il primo esempio di rivolta armata che ha saputo attuare abilmente una strategia di comunicazione nazionale, in armonia con l'alto grado di «alfabetizzazione mediatica» della società messicana, accoppiandola al collegamento internazionale sulle reti Internet. Questa rivolta è tanto piú significativa per il fatto che il Messico è stato a lungo lodato come allievo modello della Banca mondiale, prima che scoppiasse la crisi finanziaria che ha fatto tremare le borse delle grandi piazze finanziarie e ha gettato il paese sull'orlo dell'esplosione sociale.

– In Francia, le grandi manifestazioni e gli scioperi ad oltranza che hanno mobilitato alla fine del 1995 i lavoratori di diversi servizi pubblici (trasporti, poste e telecomunicazioni, gas ed elettricità, pubblica istruzione, ospedali), sono stati visti come la prima ribellione, in un paese del G7, contro una mondializzazione teleguidata dai mercati finanziari. Scriveva, a caldo, lo storico britannico Theodore Zeldin su *Le Figaro* del 15 dicembre 1995: «Quel che accade in Francia ha un significato universale... Le spinte all'origine di questi sconvolgimenti nascono da cause che interessano l'intero pianeta. Un'epoca si sta chiudendo». Segno del carattere ambiguo delle ribellioni contro il globalismo, dove si procede in bilico fra una tendenza a riprendere la propria identità e la ricerca di una via alternativa di accesso all'«universale», in quel movimento rivendicativo di tipo sindacale, che mirava a rinegoziare i termini del contratto sociale, antiquate istanze corporative coesistevano con nuove tendenze all'acquisizione di un'identità sociale all'interno di una società in trasformazione.

L'unificazione in campo economico comporta una sfida ancora piú grande per quanto riguarda le forme della contestazione. Richiede infatti organizzazioni sociali radicate in un territorio storicamente definito, ma capaci di ampliare i loro orizzonti oltre l'ambito nazionale in modo da ritrovare caratteri comuni con altre realtà. Piú di centocinquant'anni dopo i primi dibattiti fra coloro che riconoscevano come elementi fondanti del «cosmopolitismo democratico» le reti universalizzanti dell'industrialismo, e quelli che li riconoscevano nelle reti della solidarietà sociale, il problema della realizzazione dell'internazionalità riappare piú attuale che mai sotto le sembianze della mondialità. Tutto ciò su un pianeta dove si è allargato il ventaglio dei possibili protagonisti in grado di lasciare il segno, ma dove, paradossalmente, continuano ad aumentare gli ostacoli alla comunicazione e alla comprensione reciproca al di là delle barriere sociali e culturali e le difficoltà a riconoscere la forza creatrice degli scambi fra diverse culture.

4. La separazione tra tecnica e società

Sotto la spinta del progresso tecnologico, la frattura fra tecnica e società non ha mai smesso di allargarsi, andando di pari passo con l'accentuarsi della disuguaglianza nel mondo (e con l'aggravarsi di quello che Freud definiva il malessere della civiltà per l'uomo diventato un «dio-protesi»). I compiti principali sono certamente quello di riconciliare i cittadini con un mondo della tecnica che oggi è per loro in gran parte estraneo e, come auspicava il filosofo e psichiatra Félix Guattari poco prima della sua scomparsa, avvenuta nel 1992, quello di «inventare un nuovo insieme di riferimenti per aprire la strada a una riappropriazione e a una riclassificazione simbolica degli strumenti di comunicazione e di informazione, al di fuori delle formule martellanti del marketing». Non è comunque meno urgente sollevare il problema della presa di coscienza del cittadino anche oltre la padronanza individuale degli strumenti multimediali, facendolo arrivare al livello dove si decide l'architettura dei sistemi di comunicazione. Poiché, se è vero che è eccessivo chiedere alla tecnica di salvare il mondo, non è meno vero che essa rappresenta un elemento cardine per la ridefinizione del contratto sociale e delle istituzioni tanto sul piano locale quanto su scala mondiale.

È ormai impellente confrontarsi con ciò che il filosofo Bernard Stiegler chiama «processo globale di esteriorizzazione della memoria». Il sistema di strutturare il modo di pensare attraverso la digitalizzazione del sapere sottende un modello geoculturale che rischia di imporre, come lessico dell'universalità, un certo modo di pensare e di capire, un certo modo di «organizzare la memoria collettiva», come già dicevano Simon Nora e Alain Minc quando mettevano in guardia dalla minaccia della monopolizzazione degli «stock di informazioni» da parte di una sola potenza. Con il dispiegamento del cyberspazio globale, nasce il problema della strutturazione del sapere per mano di una società egemone, che rischia di praticare dei tagli selettivi alla propria memoria collettiva. Il fatto che la storica decisione del 1995, quella di affidarsi al libero mercato per favorire l'espansione delle autostrade informatiche, sia stata legittimata solo dal sacrosanto principio della competitività, dovrebbe essere un serio motivo di preoccupazione per l'uomo saggio del ventunesimo secolo. Tanto piú che gli organizzatori di quel primo vertice del G7 dedicato all'informazione planetaria non hanno voluto inserire nell'ordine del giorno il tema dei «contenuti», cioè delle diversità culturali, perché ritenuto «per natura troppo polemico».

Cosí, a poco a poco, con l'acquiescenza degli Stati nazionali e dei loro rappresentanti negli organismi sovranazionali, e al riparo dagli sguardi indiscreti della società civile, è stato legittimato lo status di protagonista politico dell'impresa privata, che rivendica all'interno della *Global Business Community* un peso dominante nelle decisioni che interessano l'adozione delle regole generali che disciplineranno i suoi affari.

Conclusioni

A Mutianyu (Cina), ai piedi della scala che sale alla Grande Muraglia, si trova, dal maggio 1989, un blocco di granito su cui è scolpita questa iscrizione: «Destinata un tempo a proteggere dagli attacchi del nemico, la Grande Muraglia oggi riunisce i popoli del mondo. D'ora in avanti sarà un simbolo di amicizia per le generazioni future». Il marchio dell'azienda transnazionale di matrice europea che ha finanziato il restauro di quel settore dell'opera monumentale sovrasta l'iscrizione trilingue, nella quale è in evidenza soprattutto l'inglese.

L'appropriazione di un campione del patrimonio culturale da parte di un'azienda mondiale ha un valore esemplare. La dice lunga sulla pretesa che hanno i soggetti chiamati a disciplinare la nuova economia di essere protagonisti della storia e di costruire i collegamenti sociali globali. Testimonia i rapporti ambigui che si intrecciano fra il mondo dell'impresa e la *polis*. Nobilitate come istituzioni di importanza sociale, le grandi entità economiche non cessano di estendere il loro dominio oltre l'ambito ristretto della produzione, e di manifestare la loro vocazione all'universalità. Ma l'impresa globale è all'altezza della nuova missione che si è autoassegnata?

«La globalizzazione significa che non si potrà piú dire di sentirsi sfiduciati», affermava nel 1994 il giornalista e scrittore messicano Carlos Monsivais. Luogo simbolico del processo generale di spersonalizzazione e di denazionalizzazione, il collegamento globale toglie al mondo i suoi protagonisti sociali. A forza di pensare a se stesse come a «società a responsabilità illimitata», incaricate di gestire l'universo sociale e di pretendere di dare regole alla società civile confidando nella capacità di autodisciplina del mercato, le grandi entità dell'economia mondiale sono diventate società deresponsabilizzate. Le loro aspirazioni all'universalità nascondono in realtà una fuga in avanti. Roland Barthes parlava della borghesia come di una «società anonima», analizzando i miti del suo tempo alla fine degli anni cinquanta. Oggi bisogna assegnare quella definizione alla *World Business Class*.

Nocciolo duro delle teorie sulla società dell'informazione, l'argomentazione globalista travalica non meno largamente la questione delle reti tecniche e la cerchia delle imprese mondiali. Rappresenta un criterio generale di approccio ai problemi geopolitici e ai modi di scongiurare l'insieme dei pericoli che minacciano il pianeta. Prima di inaugurare il concetto di «infrastruttura globale dell'informazione», Albert Gore ha applicato il criterio del trattamento globale alla crisi ecologica, proponendo un piano Marshall per l'ambiente che si guarda bene dal mettere in discussione il principio produttivistico su cui si fonda il modello di sviluppo dell'economia mondiale. Il governo americano dispone adesso di un sottosegretario di Stato per gli «Affari globali». E non è per caso che il concetto di *Global Human Security* è diventato un motivo ricorrente nei discorsi sull'avvenire del mondo diffusi nelle sedi internazionali.

Per mettere a tacere le proprie incertezze, gli ideologi del globalismo presentano come verità scientifica l'esito di un processo il cui futuro è tutt'altro che scolpito nel granito. In nome dell'imperativo categorico del progresso geo-tecno-finanziario, i popoli si vedono intimare l'ordine di accettare la *deregulation* dello stato di diritto come se fosse ineluttabile. Messi di fronte ai cittadini come fatti compiuti, questi editti li privano della loro voce e, per ciò stesso, abbassano la soglia della tolleranza democratica. Traendo profitto dalle angosce individuali e collettive in un mondo che ha trasformato il lavoro in un privilegio, la globalizzazione della minaccia della precarietà è brandita come autorevole argomento per impedire ogni tentativo di guardare con coscienza critica l'attuale stato di cose.

Lungo tutto il suo cammino, l'internazionalizzazione ha rappresentato un'opportunità e un rischio, e ora è piú che mai cosí. Il progetto di unificazione del pianeta, che considera i cambiamenti sociali come fenomeno subalterno dell'economia generalizzata e della *market mentality*, e che si affida al decollo monetarista per dare una struttura alla società digitale, è ben fragile. Ed è illusoria la «soluzione globale» che affida a Pandora il riassetto del mondo e sottrae alla comunità dei cittadini il diritto di immaginare strade alternative verso l'integrazione sovranazionale e verso una coscienza planetaria che sia all'altezza della sfida di civiltà che il momento storico propone. Di fronte al pragmatismo di facciata professato dalla Repubblica mercantile universale, non si ripeterà mai abbastanza che solo la ricerca di una interdipendenza capace di affrancare le diverse comunità umane dallo spettro dell'omologazione delle identità, e di estirpare dalle menti l'intolleranza fomentata tanto dai nazionalismi piú gretti quanto dal mondialismo dei «triangoli d'oro» del libero scambio, merita che vi si investa l'aspirazione alla «grande Repubblica democratica».

«*Un jour tout sera bien*, ecco la nostra speranza – *tout est bien aujourd'hui*, ecco la nostra illusione», proclamavano Voltaire e gli illuministi. In questa fine secolo, in cui si consuma la crisi dell'ideologia del progresso e delle grandi utopie politiche di emancipazione, sostituite dall'utopia della protesi cibernetica, ci sentiamo piú vicini a Edgar Morin: «La nostra speranza deve lasciar perdere la salvezza. È per questo motivo che preferisco parlare di speranza tragica».

Bibliografia

A. Appadurai, «Disjuncture and Difference in the Global Cultural Economy», in *Public Culture*, vol. 2, n. 2, 1990.

M. Augé , *Non luoghi. Introduzione a un'antropologia della surmodernità*, Milano, Eleuthera, 1996.

F. Auriac e R. Brunet (a cura di), *Espaces, jeux et enjeux*, Paris, Fayard, 1986.

D. Bell, «Communications Technology. For Better or For Worse», in *Harvard Business Review*, maggio-giugno 1979.

L. Boltanski, *Les cadres*, Paris, Minuit, 1982.

O. Boyd-Barrett e M. Palmer, *Le trafic des nouvelles*, Paris, Moreau, 1981.

F. Braudel, *La dinamica del capitalismo*, Bologna, Il Mulino, 1988.

L. Brown, *State of the World 1995-1996*, Rapporto del Worldwatch Institute.

Z. Brzezinski, *La révolution technétronique*, Paris, Calmann-Lévy, 1970.

M. de Certeau, *Arts de faire. L'invention du quotidien*, Paris, «10/18», 1980.

A.D. Chandler, *La mano visibile. La rivoluzione manageriale nell'economia americana*, Milano, Franco Angeli, 1992.

J. Chesneaux, *Modernité-monde*, Paris, La Découverte, 1989.

M. Crozier, S. Huntington e J. Watanuki, *The Crisis of Democracy. Report on the Governability of Democracies to the Trilatéral Commission*, New York University Press, 1975.

R. Fossaert, *Le Monde au XXIe siécle*, Paris, Fayard, 1991.

F. Fukuyama, *La fine della storia e l'ultimo uomo*, Milano, Rizzoli, 1996.

N. Garnham, *Capitalism and Global Communication: Global Culture and the Politics of Information*, London, Sage, 1990.

F. Guattari, *Caosmosi*, Genova, Costa & Nolan, 1996.

E.T. Hall, *La dimensione nascosta*, Milano, Bompiani, 1982.

S. Hall e P. du Gay, *Questions of Cultural Identity*, London, Sage, 1996.

S. Huntington, «The Clash of Civilizations», in *Foreign Affairs*, vol. 72, n. 3, 1993.

D. Landes, *Prometeo liberato. La rivoluzione industriale in Europa dal 1750 a oggi*, Torino, Einaudi, 1993.

T. Levitt, «The Globalization of Markets», in *Harvard Business Review*, giugno 1983.

J. Lull, *World Families Watch Television*, London, Sage, 1988.

S. MacBride, *Voix multiples, un seul monde*, La Documentation française/Nouvelle Èditions africaines, 1980.

M. McLuhan e Q. Fiore, *Guerra e pace nel villaggio globale*, Apogeo, 1995.

A. Mattelart, *La comunicazione-mondo*, Milano, il Saggiatore, 1994.

A. Mattelart, *L'invention de la communication*, Paris, La Découverte, 1994.

A. e M. Mattelart, *Histoire des théories de la communication*, Paris, La Découverte, 1995.

T. Mattelart, *Le cheval de Troie audiovisuel. Le rideau de fer à l'épreuve des radios et télévisions transfrontières*, Grenoble, PUG, 1995.

Y. Mignot-Lefèbvre (a cura di), «Technologies de communication et d'information au sud: la mondialisation forcée», in *Revue Tiers-Monde*, vol. XXXV, n. 138, aprile-giugno 1994.

A. Minc (a cura di), *La Société face au multimédia*, Montpellier, IDATE, 1996.

D. Morley e K. Robins, *Spaces of Identity: Global Media, Electronic Landscapes and Cultural Boundaries*, London, Routledge, 1995.

S. Nora e A. Minc, *L'informatisation de la société*, Paris, La Documentation française, 1978.

R. Ortiz, *Mundialização e cultura*, São Paulo, Brasiliense, 1994.

M. Palmer, *Des petits journaux aux grandes agences*, Paris, Aubier, 1983.

R. Petrella, «Vers un techno-apartheid global», in *Manières de voir*, trimestrale edito da *Le Monde diplomatique*, n. 18, maggio 1993.

M. Raboy, *Développement culturel et mondialisation de l'économie*, Québec, Institut québecois de recherche sur la culture, 1994.

I. Ramonet (a cura di), «Médias et contrôle des esprits», in *Manières de voir*, trimestrale edito da *Le Monde diplomatique*, n. 27, agosto 1995.

S. Regourd, *La télévision des Européens*, Paris, La Documentation française, 1992.

E. Said, *Culture and Imperialism*, New York, Alfred A. Knopf, 1993.

K.P. Sauvant e F.G. Lavipour, *Controlling Multinational Enterprises*, Boulder, Colorado, Westwiew Press, 1976.

H. Schiller, *Communication and Cultural Domination*, White Plains (NY), M.E. Sharpe, 1976.

W. Sombart, *Lo sviluppo e le fonti dello spirito capitalistico*, Milano, Guanda, 1994.

B. Stiegler, *La technique et le temps*, Paris, Galilée, vol. 1, 1994.

M. Vazquez Montalban et al., *La aldea Babel. Medios de comunicación y relaciones Norte-Sur*, Barcelona, Deriva, collana «Intermon», 1994.

P. Veltz, *Mondialisation, villes et territoires*, Paris, PUF, 1996.

P. Virilio, *L'écran du désert*, Paris, Galilée, 1991.

Finito di stampare nel mese di aprile 1998
per conto degli Editori Riuniti
dalla Media Print - Castel Madama (Tivoli)